U0604691

VERTRIEB
GEHT HEUTE
ANDERS
Wie Sie den Kunden 3.0 begeistern

用户3.0

YONGHU 3.0

［德］安德烈亚斯·布尔◎著

余冰◎译

北方妇女儿童出版社
长春

版权所有　侵权必究

图书在版编目（CIP）数据

用户3.0 /（德）布尔著；余冰译 . -- 长春：北方
妇女儿童出版社，2015.10
　书名原文：Vertrieb geht heute anders:Wie Sie
den Kunden 3.0 begeistern
　ISBN 978-7-5385-9429-4

　Ⅰ．①用… Ⅱ．①布… ②余… Ⅲ．①销售学 Ⅳ．
①F713.3

中国版本图书馆 CIP 数据核字（2015）第 190786 号

Published in its Original Edition with the title

Vertrieb geht heute anders: Wie Sie den Kunden 3.0 begeistern

Author: Andreas Buhr

by GABAL Verlag GmbH

Copyright © GABAL Verlag GmbH, Offenbach

This edition arranged by

© for Beijing Adagio Culture Co. Ltd.

本书中文简体字版由北京中世汇桥文化传媒有限公司独家授予北京慢半拍文化有限公
司，全书文、图局部或全部，未经同意不得转载或翻印。
版权合同登记号　图字：07-2015-4546

出 版 人：刘 刚
出版统筹：师晓晖
选题统筹：慢半拍·马百岗
责任编辑：张晓峰
封面设计：红杉林
开　　本：710mm×1000mm　　1/16
印　　张：14
字　　数：202千字
印　　刷：北京盛华达印刷有限公司
版　　次：2015年10月第1版
印　　次：2015年10月第1次印刷

出　　版：北方妇女儿童出版社
发　　行：北方妇女儿童出版社
地　　址：长春市人民大街4646号
　　　　　邮编：130021
电　　话：编辑部：0431-86037512
　　　　　发行科：0431-85640624

定　　价：42.00

目录
Contents

1 顾客不再被动消费：自我实现取代捡便宜

2 精明的顾客需要新颖的产品构思、度身订制，满足他独有的愿望

3 销售无处不在：3.0的时代被销售无死角覆盖——销售24/7

6 只有能让人信服的人才能说服别人：
如果值得去做的话，顾客会成为信息传递者

7 营销策略今非昔比，那明天呢？

推荐序1　销售的变革要悄然发生

赫尔曼·西蒙 [1]

销售的历史与人类的历史一样久远（自人类存在那天起就有了销售）。从人类第一次生产出用于交换而不是自用的货品时，就随之产生了商人、旅人和代理商。换句话讲，上千年来销售这件事没发生太大的变化。顾客不是主动走进那些拥有和经营商店、作坊或是海外分公司——人们在这里很容易联想到远东的市场——的商家的大门，就是商家长途跋涉找上门来，现场推销他们的产品。推销与销售的核心要素是亲身的体验与交流。随着16世纪邮政机构的诞生，销售才能在极其有限的情况下通过信件和邮递的方式进行。

营销真正的变革才刚刚在我们的身边悄然发生。如何来解释这一大胆的断言呢？虽然电话这项发明已经存在了上百年之久，传真这一技术也已经存世将近二个世纪了。可是，我们对于信息与通讯技术在市场营销方面的应用才刚刚起步。而今，互联网在这一领域将来产生的影响和效应可能会占有百分之十的比例。单单是所谓的搜索引擎的营销方式在现阶段已发展成为一门正规的学科。今天，互联网所提供的可靠有效的数据是前几代

---

[1] 赫尔曼·西蒙（Hermann Simon）是德国著名的管理学思想家，"隐形冠军"之父、世界极负盛名的管理大师，出生于德国，在波恩和科隆大学攻读经济学和企业管理专业，1976 年获波恩大学博士学位。全球最负盛名的中小企业管理专家之一。《隐形冠军》一书作者，"隐形冠军"概念首创者。

销售员们只能可望而不可及的事。这种目标性极强的数据解释既是个很大的挑战，也是个巨大的机遇。无论在何时何地，这种对正确信息的全面掌控和把握能够让推销员随时给客户提供更快、更优质和更重要的资讯。谁能在这一点上优于竞争者，谁就能获得决定性的竞争优势。放眼于社交网络，市场营销的未来存在于一个近乎于完美的链接。购买产品的渠道常常需要经历好几次中转和停留。罗伊特林根商学院 （ESB Business School Reutlingen）的马科·施迈（Marco Schm h）教授进行了一项"营销智慧"的调查研究，这项研究也是本书的基石，调查结果表明顾客的推荐是最有力的销售理由。顾客与其他顾客或有主见的人联系得越紧密，有意愿购买产品及服务的人可能就会越多，销售成功的可能性就越大。其中，与个人和生活态度相关的数据在这里扮演着至关重要的角色，也是在这一点上，企业营销不断地触碰着个人隐私与数据保护的底线，这一主题变得越来越重要。在这种情况下，它取得产品使用者的信任，并使他们相信重要的个人信息不会被滥用仍是一件很困难和不容小觑的事情。

这就是销售崭新的一页：科技的变革和它不可预见性的效应。这一页——这不可思议的进步——还是无法令人忽视营销中传统价值的意义。我在此着力强调了"价值"一词。因为，一直以来销售都包含人际互动与交往，无论是否有媒体的介入或支持。而且，罗伊特林根商学院 （ESB Business School Reutlingen）的那项调研也证实了这个结论。人际交往能力的信任度、可靠性和持久性是销售不可或缺的能力，也是一个长久保持成功不败的销售员身上与众不同的素质。它不应当是一些狡猾、浮夸和不可靠的推销把戏，而是顾客值得拥有的真诚的服务与回报。

　　所以，人们如今可以理直气壮地说，销售这件事确实今非昔比。然而，与此同时也要看到事情的反面。销售仍需要延续过去传承下来的优良传统与美德，并且要不断地优化。同时，销售还要在销售与交流的过程中将新科技的无限可能性与顾客有效地结合起来。这是一项极富挑战性的任务，因为两者之间可能存在着巨大的矛盾冲突。一个简单的例子就可以深刻地展现这种冲突：销售员应该看着顾客的眼睛还是盯着电脑屏幕呢？当然，这里没有标准答案。同样，人们也无法清楚地定义，情感与理性如何在未来的销售进程中兼容并存。当然，有一点是确定的：销售是件令人既兴奋又紧张的事。你手上的这本安德烈亚斯·布尔的书就能证明这一切。

旧金山

赫尔曼·西蒙教授

推荐序2　致读者——欢迎来到销售"新常态"

博恩·崔西（Brian Tracy）

亲爱的读者：

如今，销售艺术和科学的变化速度比人类以往历史上的任何时期都要快。

几乎在所有领域，信息和知识的数量每两到三年都要增加一倍，技术以前所未有的速度扩张和加速变化，这使得购买决策不仅比以前更复杂，而且消费者更加小心翼翼。

对于消费者手中的欧元、生意和个人的竞争空前的激烈、压力更大、需要更大的决心。

这三个因素（信息爆炸、技术扩张和更加激烈的竞争）结合起来，你需要在工作中利用所有可能的优势来使你在自己的领域中成为顶尖的销售专家。现在，在安德雷亚斯·布尔的这部优秀的新作《用户3.0》中，你可以学习到如何走上职场的加速通道，如何成为公司最有效率的销售人员之一。

过去的30年间，我训练了来自58个国家超过200万的销售人员，写下并制定了一些如今世界上最实用、最流行的销售方案。

我的第二语言是德语，当我读到安德雷亚斯·布尔这本出色的书时，我对其中有帮助的想法和观点感到印象深刻，同时也很惊讶。他能帮助你提高销售量，提高销售速度，比以往更容易地销售自己的产品。

我听说过的最重要的成功秘诀也许就是持续学习的力量，当你读到这本有用的书时，你不应只是想着这些有用的和已经证实的观点，还要立刻将其运用到实践当中。你一读到有用的东西，就应该立刻试着把这些运用到你顾客身上，这样你就可以看到这些新方法对于你的职场生涯是多么的有好处。

当你读到并运用这些绝妙的想法和策略时，你会发现你的销售业绩会立刻有所提升，更加重要的是，你的自我感觉会更加良好，销售也会变成一段令人惊讶的旅程。

博恩·崔西

自 序

"倘若顾客先你一步预见未来，那么你就处于最被动的位置！"

——费斯·波普康（Faith Popcorn）

此刻，我坐在一座小屋里。这么说已经是在自我恭维了。这座小屋其实是酒店——在这里，海拔高度3800米的地方并不多见。这就是古尔玛尔格的酒店标准。不过，我觉得这里很不错，因为我现在就在喜马拉雅山的边缘。远眺帕尔巴特山的风光，美得让人惊叹！无与伦比！

我审视着内容提要、主线和我这本新书的观点。现在一切就绪，终于可以动笔了。就这样开始……可是如何开始呢！我回想自己做销售时的第一次经历，我的第一次销售会谈，我的第一位住在不莱梅附近的顾客。那已经是30年前的事了，那时的我怀抱着梦想，意气风发。我的第一位客户信任我，买了我的产品，我获得了收益。

直至今日，信任依旧是销售的基石，我这样想，也这样写。人与人为了人而做生意。以前就是这样，今天依然如此。

可是，销售却发生很大的改变。营销策略今非昔比！它是如何发生改变的呢？

1

　　我身边滑雪队的人常发博客和推特，而且是在喜马拉雅山上。滑雪教练在YouTube网站下载每日影片。小铁皮屋的对面有两个上了年纪的当地人，他们穿着抵御严寒的风雪大衣，围坐在营火旁，正在用无线网络玩着苹果电脑。连这里都发生了巨变，人们都活在当下，站在潮流的尖端。这里，世界的尽头，阿富汗并不遥远。

　　销售员们改变了，他们能看到别人目光所不及之处，他们相信自己做的事情，充满热忱，并且渴望成功。我是这样写的，当儿子们问我的时候，我也是如此向他们解释的。

　　亲爱的读者朋友们，我真心祝愿你的事业一切顺利，无论是现在还是将来！

　　如今，销售无处不在！营销策略今非昔比！

你的安德烈亚斯·布尔

a.buhr@buhr-team.com　｜　www.facebook.com/Andreas.Buhr.Speaker

引言

昨日的客户已然不在，你能否适应用户3.0的时代？

谷歌公司（Google）于2010年创下了销售额提高24%和盈利增长30%的傲人成绩，它已经不是第一次向人们诠释，创新如何推动企业发展。德国移动通信运营商E-Plus以惊人的销售记录为2010年画上了句号，推动销售的其中一个因素是，它所提供的智能手机和数据服务备受追捧，超越了其他所有的品牌。在运用听力学原理的无线交流领域中，瑞士Sonova集团是全球最大的听力设备制造商和市场主导者之一，仅仅是2010/2011经营年度的前六个月，它的销售额就增长了将近17%。值得注意的是：80%的销售额是通过过去两年内产品的营销实现的。德国AVT（Allied Vision Technologies）公司，图像处理数码相机制造商，在2010年销售额增长势头迅猛，达到58%。成功的秘诀不外乎以下几点：新产品的推出，亚洲经济的繁荣，以及数码图像处理在新型的、非工业应用领域的开拓。除了医疗图像成像技术这一企业的传统强势的技术板块，AVT公司还拓宽了智能交通指挥和交通监控系统的市场，而且雇员人数也增多了20%。

以上这四家来自四个截然不同行业的企业，拥有一个共同点：在如今这一市场竞争激烈的时代，它们不仅站稳了脚跟，而且还取得了更大的经济效益。到底是什么让包括这四家企业在内的一些企业成功提高盈利，而有些企业却不得不申报破产呢？不同于Märklin公司（德国火车模型制造商）、德国舒雅公司（Schiesser）和Hertie公司（德国知名百年零售商）呢？答案听起来很简单：它们以客户的需求为准则，不再墨守成规，走上了创新之路。研发新产品，投资新市场，开辟新的销售渠道。它们准确地意识到了社会与经济的变化，而且迅速地适应了这一转变。

欢迎进入社群经济时代

过去的几年里发生了什么变化？为何老牌企业如恐龙灭绝一般在市场中逐渐消失？由于科技的发展和消费观念的转变，而今我们处于一个社会化经济的时代。客户在其中扮演着积极主动的角色，参与服务过程甚至产品制造过程，实现更高的效率，并以此提高经济效益。用户已然成为创新过程中一个重要的组成部分，这在以前是无法想象的。如今，用户作为创新的一部分要求获得更多的关注和尊重。

伴随着社群经济的进程展开了一个新纪元。过去的时代是一个需要用户忍耐的时代，要等上好几周，有时候甚至要等待好几个月，你的汽车、厨房用具和沙发才能发货；还是一个不得不做出妥协与让步的时代，因为有些产品只有某一款式或者某种颜色有货源；是一个顾客要乖乖听话的时代，需要等待销售商为你挤出时间。顾客是上帝吗？其实不然，长久以来产品研发与销售才是上帝。抛开传统意义上目标人群的划分方法，即年龄、收入或文化程度和教育水平，现在产生了一类新型的顾客群，他们有主见并且活在当下，用户3.0不会苦苦等待。他提出要求和挑战，不被动，而是主动采取措施。倘若营销策略无法适应用户3.0的时代，那么在不远的将来销售就要围着顾客团团转。然而，愚蠢的是，顾客不会再等待。

不仅仅需要新的销售渠道

当然，近几年来销售并不仅仅处于沉寂状态。开拓新的销售途径，新的服务项目也应运而生。今天，几乎每一位书商和理发师都有自己的网站。诚然，单单靠这一点是不够的。你是否尝试过，换一种方式从书店订购一本书呢？抑或是，填写联系表格和理发师预约呢？"我们的网站？对啊，我们几乎都不看"。当没有预约上的顾客不知所措地站在发艺沙龙里时，会听到类似于这样的回答。

然而，不仅仅只有小企业会错失这种发展顾客的良机。大型的在线零售业，房地产开发商以及静态交易 —— 他们都固步自封，依附于陈旧的经济结构，期盼着客户能回心转意。至少Jade大学学生的"神秘顾客"（Mystery Shopping）项目能够证明这种说法：他们在三份北德的日报上刊登了出租房的广告后，有89位登广告的人收到了回复信息，在广告登出的那个星期六，他们的电话在9点到13点响了，其中只有39人的电话接通了。这也是视情况而定的，接电话的人当中有超过一半的人愿意继续联系下去。那些希望接到回电的潜在租客恐怕要失望了。第二个工作日有三分之一的房主没有回复过一次来电，另外三分之一的房主直到三个工作日之后才停止回电。然而，仅有19例成功——换言之，就是低于50%的沟通——使有意向的租客接到看房或私人会谈的邀请。这是面对顾客，以顾客为导向吗？为什么会这样呢？如此看来，潜在的租客依旧需要经历漫长的等待。

同样，一个虚拟的IT公司在寻找网络打印机和网络接入服务器时，也受到了冷遇。在三天之内，40家网店只收到了22名潜在顾客的询问，而且其中还提及了一些技术性问题。就连网上交易平台也充斥着重重阻碍。然而，那些由于对网络交易的抵触而去选择静态交易的人也会感到失望，六名潜在顾客在约30家汽车行的遭遇便充分证明了这一点。其中，三分之二的顾客在看车期间直接被忽视。顾客——难道是看不见的生物吗？

还会有多少顾客会再一次走进车行实地了解一款新车的信息？还有多少租客会再次求助于那些看起来生意火爆不再需要顾客的不动产开发商呢？假如亚马逊网站（Amazon）能准确无误地送货，又会有多少书虫会再给实体书店一个机会呢？

这些例子涵盖的范围说明：这一问题不仅波及一个领域，也不单单只限于20岁、30岁或是40岁的顾客群体，也不只发生在汽车迷，企业创办者，自由职业者身上。用户3.0不仅限于年龄、收入和兴趣这些因素。它不能被简单地划归于数字原住民的一代。它希望以顾客自身为导向，而且并不局限于网络。所以，这本书中并不只是着力于介绍一个新的目标群，而是销售的未来。

一个时代的终结？

营销到底有没有未来？倘若有的话：如何构建它的未来呢？今天的营销又面临着何种任务与挑战呢？如今看来，销售可以算得上成功吗？接下来，让我们有针对性地一一破解这些谜题。尽管存在着不胜枚举的企业失败破产的案例，但仍然还有一些企业能够成功地度过危机。雇佣新职员，抱怨技术水平的缺乏，研发新产品并推向市场，能打造出符合时代精神的产品。

是什么让这些成功的企业变得与众不同？它们是否还在延用传统的营销方式呢？或者它们有什么新的成功配方，能够赢得顾客的口碑？为了解开问题的答案，我们联合罗伊特林根商学院（ESB Business School Reutlingen）一同推行了名为营销智慧（Vertriebsintelligenz ®）的研究项目。

研究项目营销智慧（Vertriebsintelligenz® ）

营销智慧这一概念的背后到底隐藏着什么？它意味着一个完整的、具有价值意识的企业能力模式。它涵盖了四个版块：市场策略、营销能力、精益领导力和塑造力。每一个版块的背后都潜藏着一个带有单独能力的集合的矩阵。我们想要了解的是，能力版块和与之相对应的能力如何在企业成功方面发挥作用。对此，我们调查了将近250位不同行业的董事会成员和企业领导。他们知道，优秀产品和花哨的广告不能让钱流进银行账户，而只有顾客可以。所以，他们很重视销售人员的能力和顾客的期望。我们想要从他们的身上获悉，到底是什么成就了一名优秀的商人。他需要怎样的"复合"能力才能赢得顾客的信任？他又需要具备哪些素质才能成为所谓的积极意义上的"销售机器"呢？在将企业转变为"顾客机器"的道路上，他还要付出何种努力？还有，他应该如何应对新的顾客——用户3.0呢?

这些问题并不容易回答,因为答案并不是一剂万能药,成功的销售仅靠某种固定的能力是不够的。一个企业的成功需要更多不同观点的碰撞。因此,我们得更认真仔细地探究这些问题。我们的疑问主要覆盖四个主要的版块市场策略、营销能力、精益领导力(©lean leadership)和塑造力。下面就深入介绍这几个主题版块:

1. 市场策略:你如何为自己的企业在市场上定位?
2. 营销能力:你应当以何种方式理想化地运用所具备的营销知识?
3. 精益领导力(©lean leadership):你如何把领导力付诸实践呢?
4. 塑造力:怎样的动机和设想让你目标明确地销售?

我们的问题主要是关于如何招揽新顾客和维系固定客户。哪些因素对于企业的成功起到举足轻重的作用?比如可信度、营销智慧和持久性这些价值观对于企业长期的成功意义重大吗?我们想要清清楚楚地了解。因此,每一个问题都要分解为更细化的问题。成功商人的知识水平,他的性格特征、策略方法的实施,所有这些都要进行研究与测评。得出的一个重要的结论是:不仅是顾客,就连企业自身对销售的定义也改变了。

你应当对这本书抱有什么期待

从到目前为止营销智慧(Vertriebsintelligenz®)研究计划还未公开的结果来看,你从这本书中可以了解到营销今天面临着哪些新的挑战?一个成功的销售需要哪些素质和能力？哪些销售哲学应当植根于企业中，以促进和要求销售员？用户3.0时代在其中扮演着何种角色？哪些产品和服务受欢迎？最主要的问题是：如今，面向客户意味着什么？如何成功顺利地构建它？针对以上这些以及其他类似的问题，这本书都会为你深入解读——不仅从理论方面，而且依照真实的案例来研究。

这些也可以满足你的期待：洞察顾客的新想法，了解价值观为导向、有意义的消费行为和以盈利与市场为目标的企业管理。只有当一家企业顾及和考虑到方方面面，营销才能成功。这里有一个关于营销成功的例子：2010年在德国进修日第一次开办了为期24小时的关于营销的互联网课程，这次课程由培训行动组织"我们是销售"（www.wir-sind-umsatz.de）发起，作为慈善项目吸引了数千名参与者。

你能适应用户3.0时代吗？

你是要提高盈利还是不得不亲手埋葬自己的品牌，取决于你如何对待你的顾客和用户3.0时代。你应当避免哪些错误和弯路，运用哪些新的销售方法。本书将为你一一解释这六个观点。这些观点是研究项目的结果，我将从下一页开始为你展示。六个观点的核心是：营销策略今非昔比。

销售可以通过面对面的谈话实现，也可以通过新型的、数字交易形式进行。它是诉说与倾听、行动与回应的融合，经济与销售不同。用户3.0是有自我意识的；他已与自己在传统消费中所扮演的角色说再见；他积极主动地要求产品，并参与到制造的过程中；他拒绝墨守成规的那一套。那些依附于曾经的成功的品牌，那些相信顾客会忠于老产品的企业，还有那些以"我们始终如一"为信条的企业管理者——他们都会成为社群经济时代里的失败者。然而，我们中的那一些人，那些视新的经济形势为机遇，知道运用新的销售方式的人，恰恰会成为这个时代里的佼佼者，就如同书中提到的谷歌和E-Plus公司一样获得成功。

顾客不再被动消费：自我实现取代捡便宜

在这一章节里，你能通过阅读了解到，用户3.0与传统顾客群的区别在哪里，他的独特之处和在消费中需要注意什么。用户3.0不会为了折扣而消费——他有别的追求。

过去几个月你是否尝试使用大促销的办法说服顾客买你的东西？然后，你还要自己全盘参与到整个的广告推广过程中，在这期间的额外奖金对于公司相关部门来说可能没什么价值，因为这跟他们也没什么关系了。也许你会被友善地暗示，朋友是朋友，生意是生意！停！这样不与人方便，而是客观专业地为一个或其他的产品做推荐的方式，可以用一句话概括："我们一直是这样做的。"会发生什么呢？贪污丑闻，受贿事件，交付订单时优先考虑熟人朋友，这一切改变了生意场的规则。这不是从维基解密（Wikileaks）和吹哨者平台（Whitsleblower-Plattform）产生时才出现的现象。无论是在私人还是工作领域，人们作为消费者和公民变得越来越有批判意识。

因特网催生了顾客的批判态度

这一发展的重要推动者就是互联网。对于我们的父母一辈而言，俄罗斯尚且遥远，美国只是一个梦而已，亚洲几乎是无法触及的地方。而今，大约70%的人活跃在互联网上，我们与那些身处其他大洲的人们之间的距离仅有鼠标轻轻的一击。我们可以带着他们回家或者进办公室，虽然这一切只是发生在虚拟的空间。我们比前人更了解他们是怎么生活的。但是，我们也更了解纺织品、汽车或电脑产品会带来哪些环境污染。甚至，苹果手机和平板电脑的"加工坊"——我们也能通过互联网获得信息。

这是我们的消费行为和市场营销产生的后果。因为，身处社会和经济的巨变背景之下，在德国和欧洲，对个人未来、失业、没有事业前景、毫无存在感和无力参与创造改变（个人）世界的恐惧感在提升。带着这种不安全感让我们去看一看、听一听，在马来西亚的工厂，和那些装满纺织品漂洋过海的，只有带着防毒面具才能打开的集装箱。

在这种背景下，"吝啬很酷"（Saturn广告语）这句话太草率了。吝啬意味着欧洲的贫穷和其他国家的环境污染，而且这种污染也会波及到我们，因为毒云和洪水不会在国界前止步。

背景知识 卜
德国互联网的使用

我们的日常生活和职场生涯都离不开互联网：有79%的德国人在线。特别之处在于，年过六十的人数在继续增长：有45%的人——大约每两个人中的一个人——就在使用网络。在60到69岁之间的群体中，甚至65%的人都在线。因此，互联网在德国创下了新纪录。每一位互联网使用者每天在网上——通过手提电脑、智能手机、个人电脑或者平板电脑——度过的时间平均为166分钟。

➡ 消息来源：德国电视1台与2台2014年网络调研，www.ard-zdf-onlinestudie.de。

互联网模糊了目标群定义

这一意识的后果是，欧洲人开始更清醒地消费，尤其是在2008/2009年经济和金融危机之后，他们更少地盲目消费了。质量渐渐取代了数量。这句古老的谚语"便宜没好货"得到了新的认可。大多数的人意识到，在付钱的时候，他们可以期盼产品的质量。只有在开始运行一条产业链时，已经重视到生态、经济和社会政策可能产生的后果，才有可能推行可持续性的消费。带有环保标签的产品不再是一种风尚，而是有说服力的体现，这不取决于年龄、收入和教育——对传统目标群定义的标准。数字原住民、乐活族、黄金一代以及新产生的60/90一代之间的界限不再明晰，他们的相同点都是批判性的消费观和积极改变世界的意志。

背景信息 ├

传统与新兴的目标群哪些人主宰着我们的社会？

数字原住民（Digital Natives）：25万封电子邮件，大约1万小时使用手机，5000小时的视频游戏和3500小时的社交网络。依照爱立信公司（Ericsson）2008年的调研，这就是当今一个典型的21岁青年的网络使用清单。所谓的数字原住民伴随着互联网公司一起成长。而且，他们不想错过媒体的每一刻：他们每周大约有18.6个小时在互联网上度过，写博客，购物，阅读数字媒体，使用社交媒体聊天。

乐活族（LOHAS）：乐活的意思是健康及自给自足的生活。这一群体并不是我们之前熟知的"生态族"（Ökos）或者"木斯里"（Müslis）的典型而又可笑的替代品。乐活族更注重无污染的绿色蔬菜与肉制品：他们不想带着愧疚感享用食物。他们大多热爱环球旅游，但是要求环境气候适宜。他们富裕并且大方，当然他们有愉悦的心情！这一点也包含个人幸福感和产品的制造。乐活族想要通过他们挑剔筛选的方式可持续性地在产品生产条件和对自然资源保护方面贡献自己的力量（www.zukunftwissen.org）。

黄金一代（Best Agers，又称为50岁以上一代）：这一群体在德国大约有三千三百万人，占德国人口的40%。到2020年，这一群体的比重将会接近德国人口的47%，呈现上升趋势。因此，这一人口群体对于企业越来越重要，正如大多数公司当今推销的市场营销策略体现出的一样。不仅仅只有制药企业重视中老年阶层，因为他们被视为是有消费能力，乐于消费，而且注重质量的群体，所以其他行业的公司也想要赢得这样的顾客群（www.bestager.org）。

60/90一代：由于人类预期寿命不断延长，产生了新的一代人，他们年龄介于60岁到90岁之间。随着观念的转变，人们不再如过去一样对60岁抱持着消极的态度，而是决定重新再活一次。他们有新的工作任务，新的要求，或者新的伙伴。

这些目标群的独特之处是他们在批判和以价值为导向的消费观上不谋而合。今天，广告业与市场营销都意识到了这点，正如这项名为"广告顾客的社会责任"。由W&V Online与Brands & Values联合进行的调查研究表明："可持续性有益于品牌，但是广告客户同时也要有责任感！"

让我们认真审视一下以上的目标群，结果不言而喻：我们都在讨论利益群体，这些群体都冲破了传统的界限依照相同点与兴趣活动归类。例如，黄金一代就不是一个相同的目标群。典型的60/90一代同样也是不同的目标群体。诚然：那个穿着围裙，花白发髻的祖母如今早就消失了，这种形象几乎只出现在圣诞节的电影中。在一大批"新兴的疯狂祖母"中也不是每一个祖母从70岁起才愿意重新再活一回。但是，她们更愿意像40或者50岁的人一样生活：她们乐于花时间学习新鲜事物。总而言之：70岁或者75岁的"祖母"也可以如同25岁的数字原住民或者黄金一代和乐活族一样，成为用户3.0群体中的一员。通过在互联网上自如交往，世界正随之发生着很多改变：流行趋势正在走向团结友爱的集体精神，形成"我们的一代"。新生力量拒绝权威和等级。他们在团队中以项目本身为重，分享信息和顾及他人。团结和集体这些概念，在新生力量的自我认知中影响更大。这不仅仅影响了他们在商务和工作环境中的行为方式，而且也影响了他们作为一名消费者，买主和理智批判性的顾客。

用户3.0 ——一个无人知晓的概念？

这所有的一切都影响着用户3.0的消费行为。与以上所介绍的顾客群的不同之处在于，这类新顾客没有明确的年代划分、社会阶层或者政治观点。他就代表他自己和他在朋友和同事群中自由挥洒的个人观点与看法。他知识丰富，有个性、真实、自我，国际化、直观和理想主义。此外，他也是"以我们（群体）为中心"。身为消费者他展示着体现他个人价值观的生活哲学。环境保护，可持续性产品，与付出的劳动力相吻合的薪水，禁止雇佣童工，这些只是小部分例子。这些都与他对于设计、机器技术使用指导和预期的产品质量相关的具体设想接轨。例如纺织品：与前些年不同的是，剪裁与布料不再扮演着至关重要的角色。这一变化最晚可以追溯到娜奥米·克莱恩（Naomi Klein）的畅销书《NO LOGO》①，从那时起，越来越多的消费者开始关注T恤衫、裤子、裙子或者（女士）衬衣是在什么条件下制造的。而且，消费者放弃了那些与他们价值观不相符的品牌。

是谁，在哪里，如何生产——挑剔的顾客都可以从媒体上获得与之相关的信息。电视节目、财经类杂志和博客充当着信息源的角色。有了这些信息源，用户3.0就可以比过去的普通老百姓有更充分的时间来获取资讯。这不足为奇，因为如今我们只需要点击一下鼠标就能轻松获得事实真相和相关的背景知识。货比三家就像是耗时费力的咨询会谈。人们只会在提供商品的地方购买，直接现场购买或者通过网络购买。以这种方式顾客不仅可以主动拓展选择的可能性，也能给静态交易施加压力。因为，用户3.0与上一代顾客不同，他不再只关注商店里的货品或者购物目录——他可以买遍全球。无论是来自中国的量身订制的婚纱，还是产自莱比锡的T恤衫或产自兰根岑的擦鞋垫都可以买到。退货或者付款只需点一下鼠标。但是只有一点不同：用户3.0是否接受产品，不仅仅取决于价钱，而是产品的附加值。此外，还取决于顾客如何看待品牌与个人价值观与生产商的契合度。为了确保这一点，用户3.0会积极地查找信息。这些不仅与产品自身息息相

① 娜奥米·克莱恩，（Naomi Klein），1970 年生于加拿大蒙特利尔，记者、畅销书作家、社会活动家、反全球化分子、电影制片人，以其对全球化的批判闻名于世。处女作《NO LOGO》（中译本：广西师范大学出版社，2009 年）一书，引起全球广泛回响。

关，也同样关系着产品生产企业的形象。政治观点正确的——我们的祖父母一辈也许会对此伤透脑筋。在这方面，用户3.0会有意识地多花钱。环境适宜的条件下运送的书籍，并且是由可持续性的森林经济产出的木材制成？当然，摩登现代的顾客很乐意为此花钱，只要上面贴着一个标签。

背景知识├

伦理消费——即使身处危机时代

对用户3.0而言，新兴的和传统的价值观有多重要？

相关的信息来自于"奥托集团2009年潮流研究：伦理消费的未来"。在2008/2009年度经济危机期间的问卷调查的结果显示：

90%的受访者表现出对"伦理消费"这一话题感兴趣。

82%的受访者表示（2009年经济危机期间）在伦理消费方面消费与经济危机之前一样多，甚至更多。

67%的受访者表示会偶尔或者经常购买伦理性的商品。

65%的受访者想要将来更重注伦理性消费。

40%的受访者通过改变自己的消费行为而影响了他身边的社会环境。

女性才是伦理消费的开路先锋，这也是奥托集团2009年潮流研究得出的结论。男性也赶上来了，但是他们的兴趣点与女性不同：男性想要通过伦理消费做些好事，小小地美化一下世界。因此，对于男性而言，他们需要得到回报的要求比女性更强烈。

投资慈善

当顾客在消费时能同时做点好事的话，产品会销售得更好。位于拉贺亚市的加州大学圣地亚哥分校的研究人员证明了这一点。实验过程：在一个可容纳十一万三千位游客的游乐园中，用自动照相机为云霄飞车上的游客拍照。这些照片可以以12.95美元的价格卖给游客。然而，游客对此不怎么感兴趣：每200个乘客中只有一位会购买。研究人员要了个小花招：12.95美元中的一半将捐助给公共福利机构。于是，销售量明显大幅度提升，每170人中的一位游客会自掏腰包购买。第三阶段中，游客可以自行为照片定价，所赚得的款项与收益全部归游乐园所有。每12个游客中就有一人会买照片，当然照片的价格要便宜得多。这一平均价格呈跳跃式上升趋势，当销售人员提前告知游客，照片自愿定价的一半会用于捐赠时。这时，游客大多会平均付5.33美元的价钱购买，而不仅仅是之前的92美分。每20个人中的一个游客认为做这件事既给自己也给别人带来快乐。

到底发生了什么呢？这样说来，顾客很有人情味。一张照片，不仅可以封存对一段美妙经历的回忆，还可以通过做好事把自己的幸福分享给他人。买一张照片，让游客感觉到了双倍的回馈。此外，因高价而产生的心理障碍也通过自主定价而化解了。这两方面都起着很大的作用，同时坚定了顾客付钱的决心。那些经济状况不好的游客也不会放弃购买，他们不想让别人觉得自己小气。每一位游客都可以掂酌一下自己的购买的动机和心理障碍，然后再做决定。

第一章
顾客不再被动消费：自我实现取代捡便宜

最终用户影响着企业的行为和态度

长久以来，私人顾客和商业顾客从营销的角度来看相差十万八千里。企业依照明确的经济优势决定与服务提供商和合伙人合作。良好的私人关系的建立很有益处，宴请朋友、赠送礼物，当然还有很多其他方式。广告招标可以由专业部门和商业伙伴一同起草。于是，其他供货商就无机可乘了。不过，这些手段早就过时了。一方面，因为私人顾客不知何时已经出现在了产品制造与销售的这条产业链上，他们了解实际情况。另一方面，私人生活和商界越来越紧密。在我们的朋友圈里都可以感受到经济危机带来的影响。如欧洲其余国家的遭遇相同，如今对恐怖组织的恐惧也已蔓延至德国。我们明白：我们在用自己的实际行动构建世界。我们影响着其他国家的产品制造条件和生活条件，与此同时，我们还影响着整个大环境，总体发展形势也会影响恐怖组织和行为对人们的吸引力。当然，我们也影响着德国社会的现状。

许多企业早就意识到了这点，并且采取行动告诫和唤醒消费者。他们跨区域提供产品，或者他们在产品上打上"给制造者的爱心"的标志用以推广。与同类商品相比，顾客需多付10分钱，那么制造商就相应地得到更多收益。在商业领域里，这一点体现得更明确：企业要对政策负很大的责任。例如，物流业：不仅只有海关监控审查海外集装箱和包裹里的物品，这一任务也转移到了运输的服务商身上，而且，安全的责任也转交给了运输商。假如在运输途中发现有易爆炸的包裹，那他必须对此负责。比如，出口——在国外有商业合作伙伴的公司必须每次进口前校对货物和收货人审核清单。而且，如果收货人在x-Listen上，企业也要对此负责。

从政治正确性的意义上来看，承担责任在很多企业领域变得很普遍。发生丑闻事件之后，有越来越多的公司添附上了价值观体系和遵从性原则，他们对可持续性的经济发展负责。一方面，这些企业表现出对员工，运输商和商业伙伴以及对社会公平的态度。在他们自我承诺中就写有，他们信守原则，不容忍贿赂，憎恶雇佣童工现象。另一个重点落在了生态领域：可持续性的经营管理企业，不过分地污染环境。他们承诺，遵守相关法律，除此之外，给出自己企业保护环境的准则。同样，企业在选择运输商和服务提供商时，也考虑他们是否遵守法律和企业内部的规定。

在许多企业中采购者执掌大权。他测试产品的价位，也测试其是否符合遵从性原则。他需要测试和确保产品的一切都符合现行的法律法规的要求。此外，他还要在企业内部对商业伙伴的行为态度和可信度进行调查。这样就可以避免出于纯粹的好感而交付出订单，也就可以避免由于个人偏好或利益带来的毫无益处的委托。

当然，企业不会在无利可图的情况下推行这种"新的觉悟"，这种"新的责任"。因为，企业的行事风格决定着它的形象，而且必将最终决定着它的市场份额。于是，在奥托集团潮流研究中有60%的受访者表示，他们认为绿色的、环境友好型和充满责任感的企业会成为2008/2009年经济危机的赢家。这些企业肩负着作为一个"企业公民"和"充满责任感的公民"的责任。他们代表和遵循的价值观和新的顾客——用户3.0很相似。他们早就不只关注产品，而是整个企业。企业形象必须与产品保证和产品性能相符，如此一来，产品才可能获得成功。而且，会更成功，因为如今品牌近乎占据了"宗教"的地位——至少是可以占据。由于需求，今天，品牌更多地扮演着"开释者"和"传道者"，他们给了顾客、追随者、粉丝定位框架、自信和宾至如归的感觉，前提是当他们也与这种价值观相符。

苹果——充满激情的天才营销

许多消费者无法想象没有iPod、iPhone、iMac或者iPad的生活。为什么？因为，它不只是我们所说的一个MP3播放器、一台电脑或者一部手机那么简单。它是用户生命中不可缺少的固定组成部分。它也是身份象征的物品。谁拥有苹果，谁就是时尚弄潮儿。这种成功也提升了企业的价值。维瓦尔第合作伙伴（Vivaldi Partners）咨询公司的一项研究证明了这一点，研究结果显示，在所有被研究的品牌中苹果拥有最多的粉丝群体和最高的社会品牌价值。此外，还有一些事实可以证明苹果的成功：随着苹果公司1996年回归到今天，斯蒂夫·乔布斯使苹果公司的企业价值翻了150倍。

是什么让苹果变得不同于戴尔、三星或者索尼，尤其是诺基亚这类公司呢？因为它唤醒了人们持续不退的热情。没有人会因为需要打电话而买iPhone。iPhone是种生活态度和品质——电话簿、日程表、邮箱账户、信息媒介、时尚指南、生活指导、每天的陪同、朋友和伴侣。时尚设计、高品质加工而且它"还会别的"。它把用户带入了这种境界，在路上随时可以接收所有紧急的和不紧急的信息，听音乐、玩数独，可以用上千种方式与朋友交往，和他们一起打游戏……这个小小的设备身上蕴藏着无可限量的可能性。它的一切都简单易用，并且价格合适，这也属于它身上无限的可能性。

另一个观点：最开始时，苹果不是人人都有。传统的市场营销智慧：吸引力和紧缺提升购买欲。我们将之称为"马特洪峰效应（Matterhorneffekt）"。苹果公司慢慢地打开了长久的营销之路。Saturn商场里看到Mac笔记本电脑，在几年前还是无法想象的事。而今，在那至少摆放着物美价廉的电脑样机，虽然价位只是相对便宜些。就连iPhone也通过销售渠道在这里出售。当然，这里还有许多不同的手机提供商，受欢迎的机型也被纳入了供货品种单内。而且，结束和德国电信公司（Telekom）的专营合同只是一个时间问题（现在，在沃达丰以及其他公司都出售iPhone）。但是，首先要将计划铺开：高价的限量产品能激发购买欲。然后，其他供货商才可以慢慢地出售这些抢手的产品。

然而，斯蒂夫·乔布斯创造了更多。他将品牌价值提升，以至于使产品对顾客产生了反作用。这是从顾客角度考虑——从最细微处进行的市场营销！就像是一台保时捷，我们可以想象坐在方向盘前的是一位仪态庄重的成功男士或者一位相似的女士，iPhone手机用户也符合我们这样的想象：iPhone手机用户注重设计和美学。他们有创造力、富有，顺应年轻人的趋势，而且大多未婚单身。简而言之：他们具有吸引力。

为了与这一群体接触，需要其他人的协作。他们提供应用程序使iPhone和iPad更富吸引力。这会使用户越来越感觉到他们无法放弃这个小小的设备。而且，不仅越来越多的顾客加入苹果粉丝群，而且企业也成为了它的粉丝。

除了吸引力和诱惑力，苹果公司全球化的胜利凯旋当然与策略密不可分：发展策略和商品开发策略，还有市场开拓与保障的策略。这里，很值得关注一下iTunes，它是苹果的核心平台和i世界（iWelt）的生态体系：随着iPod-加注站的转变乃至于iOS-世界的所有核心产品，科技和市场专家预言iTunes也将在未来进一步呈对数增长和相应的市场地位的扩张。

→　http://www.asymco.com/2011/06/10/getting-to-one-billion-itunes-users/

另外：63%的iPhone用户每年赚的钱多于7.5万美元——平均三个人中的一个就能达到这个水平。三分之二的iPhone用户年龄低于35岁，并且有大约一半的人未婚。这一研究结果来自于尼尔森移动（Nielsen Mobile）2009年的一项调查。收入低的苹果用户可以从这一光彩的结果中获益。有自我要求的受培训者拥有iPhone，无论他们在办公室还是在施工现场工作。尽管也有同类便宜的产品，但是它们还是没有机会和竞争力。因为价格与功效的关系——一个看似理性的参考因素——也被附着上了情绪化的色彩。这与产品效用和预备期无关，而与集体的归属性有关。

→　www.areamobile.de/news/15220-cupidtino-dating-website-nur-fuer-apple-kunden

像三星或者谷歌这类竞争者提供了身为替代品的安卓系统，与此同时，建立自身的粉丝群体。而且，取得了成功,智能手机的App很受欢迎，供不应求。曾经一度它们的销售额高于苹果的App商店。

→　http://www.inside-handy.de/news/20729-android-market-koennte-apples-app-store-in-2012-ueberholen

我们感性的大脑接收苹果广告的信息，并把这些信息与个人的生活经验联系起来。所谓的完整语境与文化接收的图像和历史以及个人经验和经历有关：iPhone用户是成功的和有追求的。他们是时尚的，谁又不想时尚呢？在购买之后可以向自己发问："iPhone值这个价钱吗？"，补充的论据是："值——我终于不再是某某人了。iPhone彰显了我的地位，也为我的职业进展打上了重要的标记。"

或许，将来还会有替代平台的广告像安卓系统的一样有效，当广告能实现创造一个可替代的情感和认同的世界时。

"权利"或者"享乐主义"只是两个可以唤起欲望的情感和价值世界，当然还有一些其他的在情感推动的意义上有助益的因素。

可口可乐——全球最佳品牌第一名

可口可乐这个品牌是来自另一个领域，也同样是成功的品牌。它的品牌价值为70.452万亿美元。它代表着一些品质和特性，并影响了消费者。依据企业的报告可知，可口可乐是独一无二和生动有趣的，它代表着轻松、清新和生活乐趣。多年以来，这一品牌的价值和目标，不仅具有持续性，而且还很重要：激情、个人主义、乐天和乐趣（www.coke.de）。

第一章
顾客不再被动消费：自我实现取代捡便宜

以情感推动销售

苹果公司和可口可乐公司的成就在其他品牌身上也能应验。梅赛德斯S系列代表着自我——自信和成功，这些特性也影响着顾客。在这种情况下，专家讨论的是情感或魔力推动。品牌被赋予了情感。最好能给予品牌和品牌产品一个有意义和价值的故事。

背景信息 ┠

情感和价值世界

依照心理学家谢洛姆·施瓦茨（Shalom Schwartz）的模型，我们从十个逾越所有文化圈的人类典型的价值观出发：

1. 自主——自由、独立、创新、自尊、好奇心
2. 刺激——激动、勇气、冒险、推动力、鼓励
3. 享乐主义——享受、兴趣、自我奖励、娱乐
4. 成就——成功、竞争力、才智、野心
5. 权利——力量、声望、权威、影响力
6. 安全——保护、保障、可靠，健康、归属感
7. 准则——规范、顺从、秩序
8. 传统——宗教、家庭、稳定性
9. 友好——美好的意愿、真诚、责任、友爱
10. 和谐——和平、平等、公平，智慧

成果和利益是为了大多数处于这些价值层面的人而产生的，因此品牌的价值主张也必须在这一价值规范中波动，因为脱离这一体系就不再重要了。

（来源：谢洛姆·施瓦茨：《价值结构和内容中的全球普遍性：在20个国家中的理论进展和实证检验》；收录于马克·扎纳：《实验性社会心理学中的突破》，学术出版社，纽约，1992年，1-65页）

对于有情感附加值的产品，企业期望售价超越同类不知名产品30到3万个百分点。单单是不同种类的矿泉水品牌的对比就表明，故事性对于市场营销是多么重要。消费者甚至可以为"Bling"品牌的一瓶矿泉水付到95欧元，这个品牌不允许在德国市场上贩售。因为，按照食品法的规定不允许销售未经处理的泉水。"Bling"公司反其道为之，在广告宣传中表明水经过多层过滤处理，水源来自于美国田纳西州，供美人与富人饮用，当然，还有另一个购买理由：缎光瓶子上的纹路由施华洛世奇水晶石组成，这个清晰的标志说明，这种矿泉水不是给普罗大众订制的。谁喝了Bling，谁就属于成功人士，因为人们会在潜意识里向往偶像和臆想中的高层次的人，所以像Bling和苹果这样品牌的吸引力越来越大。

美丽和富有的人不属于你的目标群吗？尽管如此，你还是可以从Bling这一品牌身上学到点东西。因为那些买95欧元矿泉水的富人肯定也要逾越心理障碍。苹果和Bling有相似之处：他们提供了一个奢侈的家，品牌的影响力也给顾客带来了光彩。它们的顾客属于某一特殊的群体，顾客想要产品为他增光添彩。但是，当然不仅限于此。金融和经济危机导致顾客认真思考自己作为消费者的行为。他们把购买产品与其价值相连。这一进展也

第一章
顾客不再被动消费：自我实现取代捡便宜

会给苹果带来销售额的增长，但前提是，当对于富士康公司——iPhone和iPad的加工坊——的指责成为现实，并在苹果用户群流传开来。

欧洲的顾客为何会关心iPad在中国的生产是否导致环境污染？因为世界变得越来越小，因为我们知道这些过程之间的联系有多紧密。中国不再是世界的另一面，它是我们的邻居。中国的经济发展影响着我们的经济。中国的环境问题也波及我们。也许今天还没什么大影响，但是或许明天就不同了。

诺基亚公司（Nokia）的实例证明了国际企业集团的决策会以多快的速度影响德国民众。2008年全球最大的手机制造商决定关闭在波鸿的工厂。3200名员工面临失业。然而，集团公司不仅被指责为了节约产品成本而寻找新的生产地。诺基亚公司曾得到了波鸿市有条件绑定的资助。所以公司应当在一定的时间段内或者更长时间内提供工作。可是，企业集团做了什么呢？诺基亚公司接受了帮助，然后就马上消失，为了到新的地方获取新的政府资助。于是，它滥用了信任，当然也要付出代价：政客和工会呼吁抵制该品牌，象征性地扔掉它们的诺基亚手机。

也有其他的事情会蔓延和越过城市和国界。美国的不动产价格影响着自身的财务情况。冰岛的火山爆发可能影响货物抵达德国。气候变化的后果影响着个人生活。我们每个人都有意或者无意地影响着气候变化。制造业国家的工作条件变得更清楚也更重要。用户3.0了解其他国家的个人消费和疾病或者饥饿之间的关系。他明白，他也是这问题中的一部分。正因如此，他

19

也想成为问题答案的一部分。这意味着形象与价值观之间有紧密的关系，单凭设计是远远不够的。"时尚"不只是名声，而且生产条件也应时尚。

新的营销形式：向用户3.0时代致敬

这对销售意味着什么呢？它需要重新定位自己，它必须对企业对顾客（B2C）和企业对企业（B2B）的电子商务模式的新的价值导向负责,它必须考虑到一个企业顾客也可以成为私人顾客，而且它在这两种情况下都能形成相同的观点和价值观。拒绝购买和终止签约的动机也变得不一样了。用户3.0不会随便买东西，他会认真思考为何花钱，买便宜货这种事已然成为过去时了。理性消费正当道，用户3.0跟随时代的脚步。此外，哪家企业——企业的经营作风——支持用户3.0的购买选择。因为，想要为一个买卖公平的世界而战的人，需要了解产品的生产过程。想要改变这种氛围的人，只会在那些持续地积极参与的企业消费。这一点以及很多其他的因素将在很短的时间影响消费者，并让他做出一个感性的购买决定。当然，"绿色清洗"这一因素也在其中。所以，企业会再次与供应商沟通，因为供应商的错误会损坏企业的形象。

新的价值导向也增加了私人顾客和商业顾客的不安全感。何时决定购买产品才是正确的呢？真的会按照遵从性原则办事吗？如何才能确定亚洲的工作环境可以确保产品安全？尽管，我们身处于一个信息时代：信任依旧不可或缺。相信销售人员，他们是你的顾问。对于销售人员来说，需要了解产品和品牌，以及顾客的需求。

营销需求：价值观

用户3.0不会随意地在某人或者从某人那里买东西。无论在超市还是职场，他都是这样。我们的研究营销智慧®也证明了这一点。那么，我们要问，顾客期待企业的哪三个最重要的价值观？这个问题的答案多种多样。它涵盖了从情感价值观如安全，到硬性的因素如价格。尤其"可靠性"这一价值观被常常提起，尾随其后的是"品质"和"真诚"。

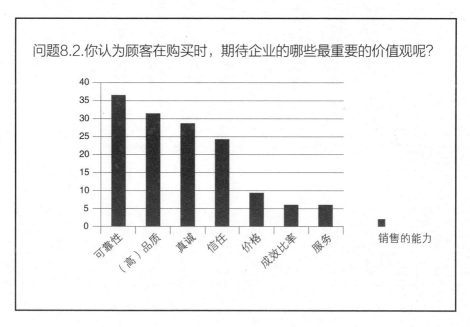

问题8.2.你认为顾客在购买时，期待企业的哪些最重要的价值观呢？

此外，这个问题，哪些价值观是第二或者第三重要呢，此问题的答案大多为"可靠性"。因此，这一价值观有着特别重要的意义。价格——几年前还是绝对的销售论据，如今只排在第三位。"可靠性"被视为企业成功的决定性价值。这个常常被提及的价值观其实泄露了很多信息。今天，焦点再一次回归到关注长期成功上来，而不是转瞬即逝的马克或者欧元。同时，这也体现和反应了价值观世界的转变。

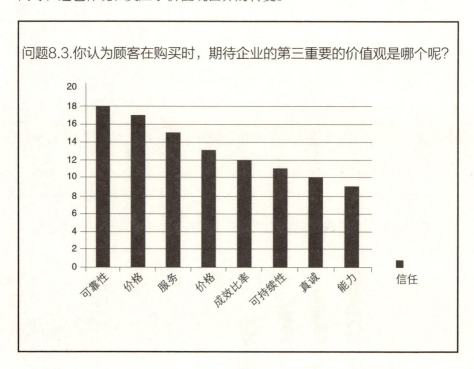

问题8.3.你认为顾客在购买时，期待企业的第三重要的价值观是哪个呢？

调查的总体情况详见以下图表：

	最重要	第二重要	第三重要
1.	可靠性（15%）	可靠性（15,4%）	可靠性（7,6%）
2.	品质（12,9%）	服务（9,6%）	价格（7,1%）
3.	真诚（12%）	品质（7,9%）	服务（6,3%）

实践中的建议 ├

可靠性、品质和真诚在营销中有什么意义？

可靠性、品质和真诚这样的价值观在营销中代表着什么呢？这代表着你要遵守诺言，为产品保障负责，也同样与遵从性原则保持一致，能按时带来效益，以此获得顾客的信任。换而言之：你能给这个不安全的世界带来一点安全感。

你在营销中这样表现才可靠：

· 一言既出，驷马难追：你应当理解这句俗语，只有这样，才能赢得顾客长久的信任。

· 你应当许下可以遵守的诺言。请注意你是否能够为产品和功效质量做担保，只有在这种情况下，你才能宣传产品的品质。

· 如果你与顾客有约定，在强压下无法赴约怎么办？你应当积极地与顾客沟通！你要尽早告知顾客会延误——这样，顾客就有时间重新调整自己的计划。

· 顾客服务不应当在买卖成交后就结束。请你在顾客准备选择或者放弃某一产品时，在他身边给予帮助。

品质在营销中的体现可以用以下行为方式例证：

· 你应当详细认真地准备与客户会谈，准备好所有会谈资料，你就可以专注于会谈内容。请你注意尽量为顾客减少开支。

· 请你把会谈时间缩短并有目标性的进行。在你的顾客还没有偏离主题之前，请你快速地回答与递交相关文件。

· 请为你的顾客考虑。通过向顾客提示小号字体印刷的条款，可能的后续成本（可能是负面的）或者有趣的配套产品（可能是积极的），可以为他解压。

真诚这一价值观也可以与具体的行为方式联系起来：

·请你重视咨询，而不是廉价的大量销售。请不要只对你的顾客介绍产品的优点，也要提及产品可能存在的缺点。

·别卖给你的顾客他不需要或不想要的东西。长期的客户关系比快速交易更有价值！

·请你心存真诚。请不要为了欺骗你的顾客来伪装自己。

与虚假的朋友一刀两断

用户3.0重视信息和信任，他必须这样，因为世界变化比前些年快多了。事情的反面是：一旦用户3.0失望，他就会转身离去，去寻找提供相关产品的销售商，至少找一个与他价值观相符的销售。

失望是非常复杂的，而且取决于个人不同的观点与态度。这决不仅仅与理性相关。相反的是：我们的决策是感性的。只有产品和服务才有可能唤醒我们脑中那个感性的"是"。这样看来，每一次购买的决定都要经过好几个决策层面的思考和自我说服的过程。糟糕的是：一旦一方面不通过，那么购买的决策就受到威胁。因为产品、品牌和营销不再是分立的，它们是一个整体形象，并影响着顾客的决定。

第一章
顾客不再被动消费：自我实现取代捡便宜

　　老一辈的顾客常常默默地把愤怒和失望咽下，因为他们的选择太少，可是用户3.0会调转矛头：当你还在观望的时候，他很快就转头离开了。而且，用户3.0还会告诉别人，他的朋友、同事和家人，或者身处于互联网2.0时代他还可以与他的网络社区分享。他在企业的脸谱网（Facebook）上留言，取消"我喜欢"这个标志并且吸引其他的用户浏览他的网页。

检查清单：你可以这样说服用户3.0	
你应当与价格功效的购买理由再见。虽然价格这方面很重要，但是它不再是唯一起决定作用的因素。	☐
传统的目标群体已经过时了。固执僵化的思想会使顾客远离你，还会限制你的销售机会。在你开口之前，请你花些时间在顾客身上。你要聪明地提问，要学会了解顾客和他的购买动机！请你学会倾听，学会机智地沉默！	☐
你了解顾客的价值观吗？首先，了解企业对企业的同行价值观：你应该去调查了解一下！大部分网页上都有企业机构组织图、企业历史、企业价值和遵从性原则这些企业信息。假如网站上没有丰富的信息，你应当询问你私人的企业联系人。	☐
请你遵守游戏规则。如果企业采购订单已经确定，你就不要改变。请你尊重这一渠道，不要忽视你的部门同事。你要保持与企业内部多层级的联系。	☐
请你审核你的销售主张！它符合顾客价值观吗？你知道如何应对这些产品生产条件、环保和可持续性这些随时会冒出来的问题吗？你会在私人客户业务中积累自己的粉丝群体吗？你的产品和服务的反对意见会有哪些？你如何成功地应对和解决这些反面意见？	☐
你有哪些退出的策略？什么时候该拒绝？	☐

小结

世界越变越小，用户3.0也感受到了这一点。在全球化的背景下，用户3.0变得更谨慎、更独立和更自信。他不固步自封，而是愿意通过自己去实现。即使，这需要付出高额的成本。

营销中对你有用的建议：

1. 你应当告别对目标群体的传统定义。请你将你的顾客视为有独特兴趣和价值取向的个体。这一点在企业对顾客的营销环节中也通行：因为每个企业都代表自己，自己的目标和个体的身份认同。

2. 请你保证真实。为了成交生意，请你不要欺骗。欺骗这一策略不能提升自己——永远也不会！

3. 身处于这个越来越强大、数字化、快速发展和宽容的世界，你要关注传统价值观的范例在你生意的方方面面，比如：可靠性、品质和真诚。在这个越来越复杂的环境中，它能给你的顾客带来更多自由、选择和"犯错"的机会，最终给他们定位和安全感。

4. 请你注意和尊重顾客的价值观，即使他的价值观与你自身的并不吻合。今天的顾客不会被动购买，而是相信和遵从自己的价值体系。

5. 当你的产品和企业品牌有足够强大的影响力时，你就不需要在销售中提供任何的折扣和优惠。影响力就是：产品或者企业的积极的印象值会影响顾客。请你为你的顾客创造一个感情家园——一个他们值得拥有的，一个他们愿意加入其中的家园。

第二章

用户3.0需要新颖的产品构思、度身定制，满足他独有的愿望

　　在这一章中你可以了解到，为什么独一无二在日常生活品中也流行开来，市场研究和营销如何从用户3.0的个人愿望中获利。

身份地位的象征比日常生活品更引人注目。在汽车、手机和电脑的选择和配置上，我们更重视这个问题，我们的T恤衫能展现多少我们的个性，我们用什么U盘或我们送什么巧克力。或者我们根本没有？

我们刚刚在营销中体验了这些：彰显个人主义、构建我们自己的世界的愿望已经延续到了日常生活中。这句话不是印在有趣的带有格言的茶杯上或者带有爱人照片的鼠标垫上。不，仅在德语区市场的上百家网店里，顾客可以自己设计和制作专属品，从混合咖啡到混合麦片再到独特的乐高模型，还有个人订制的香水与自己制作的运动鞋。用户3.0的座右铭是：你有个愿望就去实现，动一动鼠标订制——你想要的就在眼前！意思就是，一切按你的意愿来，可以多次再版更新。把婚礼照片制作成油画？没问题，上传照片、选择尺寸完工。在婚礼当天送给最爱的人自己设计的首饰？如今，也可以动动鼠标就能实现。就连家用电器也可以私人定制。

专家称之为"虚荣效应"（Snob-Effekt）。这听起来并不光鲜，但是却直击重点。因为，如今身处于一个富裕社会，每个人几乎都可以自给自足。通过信用和分期付款，父辈的地位、身份的象征早已失去了情感价值。地位和个性都展现在产品的唯一性上，它是独一无二的一款，即使这些产品比商场里的同类型产品贵40%（你有个愿望：给个人主义者的网上购物，www.heise.de）。

那么在商场上、企业与企业的营销和交易中呢？销售商，还有顾客，在这种情况下会转变思路。网上服务，例如在网上订酒店，就是用户的企业设计。企业对企业的网络平台中的保护的领域不仅仅有个人主页，还有个性的产品，这些产品的价格取决于顾客的销售容量。个性化的软件解决方式就像带着品牌商标的台布和地毯一样。当然，还有碗、玻璃杯和餐具的独特个性的企业设计，以及灯具、钟表和盘子都可以个性化地制作和定制。

尽管如此，这种产品选择与终端客户的产品相比有些过时。不过，这也是不争的事实，因为个性化的服务在企业对企业的营销模式中已经存在多年。它无处不在，而且已经融入了生活。个性化的服务更多体现在服务方面、个性化方案或者适合顾客的并不常见的产品。例如：个性化的工作服、带企业商标的汽车或运动垫子。个性化产品的真正革命主要在终端客户方面和互联网2.0中进展。

消费是个人魅力的表现

消费背后隐藏着什么？为什么人们花很多钱买东西，是为了与普通人有所不同吗？因为消费变成了信仰，品牌变成了信仰的创始人。我们以前会把自己定位为运动员、演员或者在极少情况下的政客，如今这些身份定位的象征成为了我们的手机、笔记本电脑和衣服的品牌。条件是这些牌子要有情感价值并且还要符合我们的价值观。

我们被吻合我们品味、风格和价值体系的商品包围着。我们买公平交易的产品、环保有机蔬菜和由可持续性种植棉生产的衣物。我们抵制那些出自于环境污染的罪人和不公平的雇主的商品。我们买什么东西，不仅仅由我们的钱包决定。在下决定买东西时，我们为自己的价值观留了很大的空间。不符合我们价值体系的商品，与我们的感受不合拍的商品，我们是不会买的，它无法进入我们的心，甚至也不会留在我们的脑海中。当然，这只从字面上理解，因为我们多于70%的决定都是感性地依照科学家的观点做出的，当然余下的20%到30%也受情绪的影响，因为只有当这些决定先进行了"感性过滤"之后，才会到达理性的视角与决策的层面。品牌催生出了这种感性，这是它存在的目的，当人们认识到它时，会快乐、舒适和信任，最终会购买。

但是，（大多数的）品牌在今天随处可见。每个人可以随时随地买到相同的品牌。全球化把商品变成可比较的、不关联的和不再重要的。在迪拜购物的人，也能买到H&M就像在杜塞尔多夫一样，能买到跟在阿姆斯特丹一样的劳力士，喝着星巴克的咖啡，就如同身处伦敦一样。这一全球化的购物催生出了一个新的市场：个性化商品空前地受欢迎。而且，这一市场似乎会无限壮大。因为，让自己有一点点的与众不同，从牛仔裤与运动鞋大军的海洋中有一点亮眼，我们就需要有自己的特点。恰恰是这点促使了尊重个人意志的个性化商品市场的形成。

期望群体的归属感和个性

个性化的产品能带来比普通产品更多的乐趣和享受。因为，它们是个人魅力、收入和价值观的体现。颜色展现性格又再一次成为时尚。那么它是如何比我们通过消费更简单地体现呢？

当然，我们承认：以前，人们也想要以购物篮里的货品得到称赞。他们想要"赋予自己点什么"，想要展示，他们能"成就点什么"。每个人抑或至少都将被我们脑中的伏隔核所控制，因为这可以给我们带来快乐。"努力追寻幸福"意味着至少通过脑中的伏隔核（Nucleus Accumbens）激发神经传输和荷尔蒙，它能给我们传递感受和情绪，被我们称作满足、快乐和幸福的情感。这有什么新鲜的呢？新的顾客会暂且把这些大脑研究专家的观点视为事实这是他认识到的事。他比前几代的消费者更明白如何领悟，而且他也更了解，他期待什么，想要什么和如何才能实现！因此，他不仅会把这一诉求转嫁到奢侈品上，而且也会转嫁到厕纸和灯泡上。与此同时，他把这与他的价值观联系在一起：传统的灯泡或者节能灯？白炽灯或者LED灯？舒适抑或节能？虽然，他们哪个都可以发光。

问题是：我想要哪种光？"光是一种哲学"，当我去咨询一位专业人士时，一名优秀的灯具销售员这么告诉我。那时我对于灯具销售只有一些实际的考量与想法，没有更多的了解，但是我知道的也并不少。现在，一个前所未有的、感性的观点展现在我面前。一个会直接影响到我的幸福感的产品，我想要主动参与到这个产品的设计中，这样产品就能完全符合我的个性追求。我已经准备好对这种"我设计我自己"效应增加更多的消费投入，因为它能令我感到自豪，这一点已经通过弗兰卡、凯撒和施赖尔这三家公司最新的调研证实。

然而，恰恰是在这个问题中存在着一个小小的、却起着决定性作用的区别。很长时间以来，顾客都唯市面上提供的商品马首是瞻，他买企业为他预先筹划与设计的产品。而今，顾客希望产品的制作与生产能跟随自己的意愿。商品的颜色、剪裁和装配都符合他的愿望。顾客想要升级版，而不是普通版！由于科技的进步他已经准备好加入到产品拓展研发中来，而且这一切正在进行中！

顾客是产品研发的动力

"参与研发"首先不代表着用户3.0自己设计产品，并把这一构思送给企业去实现（这仅出现在个别案例中）。大多数情况下是指把现有的产品继续研发，检验测试版本并优化。一起——这里是指顾客与企业——继续开发产品，如此一来，就会有一个更新的、更优化的附加增值产品供顾客使用。

谁现在还相信根据一些顾客调查能设计出一款非凡的、全新的产品，那他就大错特错了。设计创意产品的任务还肩负在企业自己的身上。它们必须去研究和预测，顾客明天或者后天需要、想要抑或是可能想要什么。预先构想，新发展会带来哪些新的顾客服务。放宽眼界，看看新科技能使哪些产品实现投产。

传统的顾客调查收效甚微

传统的顾客调查作为潮流研究的作用很有限。为什么？因为今天传统的顾客群越来越少，任何年龄、收入阶层和地区的人都可以成为一个兴趣群体，而且可以很快地与其他人组成新的兴趣群体。在群体中——不是指以人口统计为变量的群体——他们的价值观、想法和决策动机才会透明公开，并且也只有在群体中才能有归属感和针对性。此外，用普通方式去寻找与调查真正对你的产品感兴趣的人变得越来越难：因为消费者在电话采访中会很快挂断电话，从问卷调查中常常无法得到详细的回答，市场调研人员有时会伪造消费者的答案，而且无法顾及到网络客户的需求。还有，因为问卷对于消费者来说并不是强制性的：在"被迫的"情况下给产品提建议的人，或者他还能因此得到赠品和奖励，他不是真的想帮助产品研发和优化。有时候，这对受访者而言不再是一个强制性的游戏。社交媒体为它开创了一条全新的、更好的道路，通过网络可以随时找到自己的兴趣群体，你可以在这些群体中找到那些真正想对你提建议的人——还有些人或许还想加入和你一起改造。对此感兴趣的人会做出回应并会继续优化发展品牌、产品和构想。请大家提出些批评和建设性意见！顾客用自己动力创造！

请你告别单行道式的交流和没有回旋余地的标准式问卷；请你在营销上变得聪明些，积极地加入到与顾客的交流对话中！你可以说、写、聊——面对面或者在线上，与顾客和用户3.0群体讨论或者单独会谈。但是，请你给用户3.0留有回答的空间，不要逼他去做"对"与"错"的选择。你应该表现出你的尊重和关注，去询问顾客有趣的答案和灵感。你的顾客和产品研发人员一定会感激你。

如何积极地利用社交媒体让所有的参与者体会到喜悦和快乐呢？瑞士Migros公司用实例告诉你：这家来自瑞士的零售商号召巴塞尔报纸的读者发明新产品，并在为此而开发的名为Migipedia的网站上展示出来。此举取得了成功，超过1000种新产品被推荐，那些"研发者们"把它们晒在了社交网络平台上。这一行为包含在一场竞赛中，企业为此给出了1万瑞士法郎的奖励。直到今天，这家企业的粉丝群体还十分活跃积极：将近2万名顾客在线上讨论产品和其他相关话题。Migros公司创建了自己独有的"脸谱网（Facebook）"。

➜ www.bazonline.ch/digital/internet/Migros-baut-eigenes-Facebook/story/10710049?track

德国Webasto公司，停车采暖装置制造商，时常在周末把客户邀请到公司做客。目的是为了新构思的发展。感谢与回馈是：Webasto承担差旅费用。但是，其余的费用概不负责，尽管如此，这样的机会对顾客还具有很大的吸引力。

德国诗国（Tchibo）公司也尝试与顾客对话，并从顾客的奇思妙想中获益。在它的平台上"Tchibo ideas"顾客愉悦地互相交流对日常用品的想法和主意，比如车里的手提包挂钩。他们评价各种建议并继续探讨研发。诗国（Tchibo）公司奖励"每月解决方案"的前三强，并且会测试销量与市场化前景，幸运的话，产品会真的上架销售。

➜ www.tchibo-ideas.de

德国dm卫生用品超市让顾客自己研发一款新的沐浴液。dm公司利用了脸谱网（Facebook）的unserAller页面（www.facebook.com/unserAller）。在这个网页上用户可以自主地研发产品。第一步，用户要树立自己的理念。接下来，750位参加协作项目的最活跃的参与者会收到一个包裹，里面有制作新款沐浴液的所有配料。每个人可以依据个人的喜好调和香味和色彩，然后把成果展示给其他的成员。参与者们选定了一个样本，并投票决定产品的名称和包装。作为回馈最积极的参与者可以收到自己研发的新款沐浴液。Dm公司计划把这批沐浴液设定为限量版。

➜ www.wuv.de/nachrichten/unternehmen/social_media_seife_dm_laesst_duschgel_auf_facebook_entwickeln

诚然，这一类型的举措必须要规划好，而且持续推行下去，因为顾客很容易把这当儿戏，感觉被骗，不重视——或者他们创造的果实。只有一个市场推销引起数字迅速增长的失败案例围绕互联网2.0展开，失败的"Pril促销活动"，这一活动由德国汉高（Henkel）公司发起，通过在脸谱网（Facebook）开展一次为知名的洗涤剂"Pril"设计包装的比赛。在比赛期间多次变更规则后，品牌的追随者愤怒了，这项活动过分地消耗了他们的热情。

➜ http://www.focus.de/digital/internet/aufstand−auf−facebook−pril−wettbewerb−ist−vorbei−der−protest−nicht_aid_629178.html

通过以上这些案例使我们明白：在这个新时代，很多传统的价值观依旧适用，甚至比以前更适合。像可靠性、可信度、安全感这类的价值观给了"粉丝与追随者"导向和让他们舒适的空间。而且，它并不与"新兴的"价值观冲突！相反，归属感、乐趣，共同做一件事，参与一个刺激的、娱乐性的、有趣的或者社会性的构想中，在"Mitmach-网页"上强化。如果顾客的价值观与理念得到重视，他们就会积极地参与进来。

请别让机会白白溜走！

企业也明白顾客不想成为被调查的对象，而是想自己加入进来。科尔尼（A.T.Kearney）咨询公司进行了一项名为"用户能源（Customer Energy）"的调研，其中有四分之三的受访者表示，把用户纳入产品研发到2015年会变成有争议的成功因素，尤其是在娱乐用电器、媒体、电信与贸易领域。可是，只有55%的企业正在利用最大限度的"用户能源（Customer Energy）"。大部分企业满足于顾客服务与单行道式的市场营销，顾客参与进来时，却为时已晚。因为产品已经在市场上有很多版本——带有弊端并且不考虑顾客的要求。后果呢？在所有的产品创新中只有10%的产品能成功。其余的企业会因不尊重消费者而受到惩罚。

宝洁公司（Procter&Gamble），被科尔尼公司誉为在消费者能源领域最成功的企业之一，例如它会利用像九西格码NineSigma和InnoCentive公司的外部网络。客户可以在那里给技术和价格问题提出解决意见。了解这些就可以节约投资，同时还能够明显地提高创新的成功率。

达能公司（Danone）请求它的顾客通过短信或者直接在网站上投票决定新款布丁的口味。超过110万的消费者在三个半月内投票表决，并且期待市场推广。

实践中的建议 ⊢

你可以这样从用户能源中获益

1.请你接受你的新角色——还有你的用户的新权利。请认真考虑一下，你如何才能从这种新的角色理念中获益。

2.用户讨论产品和服务——在你未发觉的情况下或者与你一起。决定权在顾客手中。为了从顾客的了解中获益，你必须公开对话——在社群里讨论。与私人客户的会谈可以通过脸谱网（Facebook）实现，与商业顾客可以通过行业专门的平台或者商业网站，比如Xing进行。

3.请你考虑用户的利益。用户能源需要一个双赢的环境。当然，用户的需求也各不相同：尊重、优化产品、建立认识。当顾客有了自己被利用的感觉时，他就不再是你的顾客了！

4.用户能源不仅涉及产品外观美化微调修复，也包括创造价值链的所有过程。只有当你准备好去探究所有渠道和看似板上钉钉的决定，你就可以从"大众的认识"中受益。

产品研发中一对一的会谈

为何顾客在产品研发的实践中的积极参与常常失败呢？一方面，由于很多企业坚信，他们有参与研发的协作能力，顾客对产品研发的认识并不重要。另一方面，就是经常提及的"灰色群体"，一个没有准确用户定位的大目标群。从转义的层面上来看会有这种情况——开奥迪车的司机会被问及如何看待宝马，为了可以通过电话中心进行采访和调研，有越来越多不明的电话访问捣乱，顾客的信息被买卖，可是这些具体的调查并没有实际意义。

而且，企业会因此错失宝贵的机会，因为顾客积极参与的决心一直都在。"用户能源"调研也证实了这点。大约每三个受访者中就有一人准备好成为积极参与的消费者，为"他的品牌"贡献至少半个小时的时间，不计报酬，只是出于纯粹的好奇心。他们完全有理由不做这件事：他们不知道应该向谁咨询，如何"整合"构思并让其取得成功。

当然，积极的、充满营销智慧的对话很受欢迎，在专题研讨会中、网络平台上。给用户自由空间，让他们发表个人见解。还需要在企业对企业的营销环节中建立一条"直通渠道"，了解到用户的重要性。还要有积极的请求："我们作为企业想向你——我们的用户——学习。"

实践中的建议 ⊢

与用户3.0进行有营销智慧的对话

其实，你有很多方式与顾客对话交流，并能得到第一手的对产品与服务的回馈意见。下面这些方式可供你参考：

网络论坛：你可以登录例如Xing或者脸谱网（Facebook）这样的网络平台，与潜在的顾客对话和获取更多的用户3.0信息。

脸谱网（Facebook）：你可以建立自己的产品主页，并要求对你产品感兴趣的人和顾客参与讨论。你应当有针对他们的愿望、必备条件和令人惊喜的附加产品提问题。你应当建立一个VIP客户群，并与客户拉近关系。你可以让组员成为新产品的测试者，请他们参与问卷调查，作为感谢与回馈要求他们参加奖品优厚的抽奖活动。

推特投票（Tweetpoll）：你可以利用推特网站混搭（Twitter-Mashup）里的投票项目（Tweetpoll），通过推特网站（Twitter）生成问卷。用一个简短的链接网址让你的问卷可以吸引别人的注意力，并把它与你脸谱网（Facebook）或者个人主页绑定。请你的顾客保持跟进：你可以告知他们，填写问卷大约会花费多长时间。调查结束之后，你可以在推特上公布结果。如果有个别很有趣的结果，你可以跟他们单独交流。假如你愿意，还可以通过推特或者脸谱网邀请他们一起讨论结果。

专题研讨会（Workshop）：你可以邀请许多已有的和潜在的顾客参加就一个话题或者一款产品的研讨会。你应该同顾客一起研究对新产品或者升级产品的服务的解决方案和想法，并且把与顾客的互动延续下去——可以通过组织后续研讨会或者把顾客的参与加入到下一研发环节的方式实现。

博客（Blog）：在你的个人网站上建立博客，时常针对某些话题写文章。你可以提供互动机会，提问、回答顾客的问题。你应当谨慎地应对批评意见。直接删除评论的人，只会收获讥笑与嘲讽。

封闭群组：请把你网站上一部分的顾客设为VIP用户。他们可以在你的网站上交换意见，提出产品建议和使用帮助。你可以根据他们的问题了解哪些解决方案很受欢迎，并了解产品的缺陷。

从消费者到生产商和退货

用户3.0成为了产品研发者和生产者。如果已有的产品需要进一步开发的时候，他很愿意加入与企业联系在一起。他期盼着一同测试与探讨新产品的构思，提醒企业注意产品测试版本中的错误和产品管理中的疏忽——当然，他还会给出优化建议。前提是，他能得到一个附加的好处。一款更优化的产品，确保他能加入到新产品的研发，给他一种属于优秀用户的归属感和被重视的优越感。

这对于传统产品研发意味着什么呢？对传统营销呢？传统市场研究又意味着什么？你会注定失败。因为产品在得知顾客喜好之前就被生产出来，市场调研以它原有的形式也无法接触到客户。

创新取代墨守陈规

市场需要在越来越短的时间内推出新产品：更新软件和电脑操作系统。新款的电视和手机还有更多的科技小窍门、性能和变体。在服装零售业中，每周都有换季产品替代春夏款或秋冬款。如果顾客的需求被量化，创新走上了符合顾客意愿的正确方向，顾客和创新一同发展时，什么都可以实现。但是，相反的，我们需要在以上这个充满着营销智慧的过程中，与顾客不断地交流想法和观点，实现创新型的产品研发。只有这样你才能屹立于市场不倒。营销智慧的研究项目的参与者也相信这一点。

摘录　　自营销智慧研究项目：创新型产品研发的重要性

　　41.2%的调研参与者认为创新性的产品对企业的成功十分重要。仅有1.2%的参与者否认了这个观点，并表示创新产品对一个成功的企业并不是必不可少的。

　　细分市场——长期以来被视为有效的方法，却失去了意义。只有27.4%的受访者表示，细分市场对企业成功很重要，给予了最高评价。36.3%的受访者也承认这一观点的重要性。5.7%的调研参与者否认了细分市场现有模式的意义，且表示完全不符合。

　　如今，成为唯一的供应商并在市场上投放第一台平板电脑这些事已然并不重要。只有当这台平板电脑能给顾客提供他更好的附加价值，在两三个月以后添加新性能并激发购买需求，才能取得成功。这不仅在平板电脑的市场上适用，在其他领域也一样，例如：智能电视，经过精心考虑的保险方案或者机械产品。

产品研发与生活态度

　　个性化产品的追求与科技的可行性紧密相连，同样，也与今天社会的生活态度以及渴望集体归属感和崇尚个人主义密不可分。或许，人们已经准备好成为思想家，改变世界。无论从职业还是个人角度出发，用户3.0都是数字化的。智能手机用户可以定位查看他的朋友是否在他们刚刚路过的咖啡馆里坐着；他可以知道刚看过的橱窗里，哪些产品商场里有；火车是否晚点；最近的小酒馆在哪儿；或者，眼下这一刻，哪些新闻影响了经济走向。而且，获知这一切，他不费吹灰之力。科技伴随着他，自动获取信息资讯。另一方面，他也准备好积极地运用科技：鼠标一点就可以混合配料、制作独有的巧克力、组合调制营养麦片、咖啡或者茶，设计T恤和其他日用品。

你成为第一选择

成为顾客眼中的首选，达到能多益、哈雷摩托或者比奥纳德Bionade这些品牌的崇高地位，并拥有自己的粉丝群体——这是很多企业可望而不可及的目标。然而，这也是可以实现的，独立竞争者也能行。一个企业成功的决定性因素是什么呢？一方面，明确的目标很重要。只有知道自己想要实现什么的人，才能达成目标。这不是一个人尽皆知的道理吗？尽管如此，很多外事工作人员、大客户经理和企业营销主管忽略了这一方面。他们处理每天的日常事务，无需考虑企业的宏观目标。我们中的每个人都可以树立具体的小目标，请参见以下实例。

实践中的建议：有可能实现的目标能带来更多的成功

目标营业额：为你个人的销售额的增长确立一个实际的目标。你能实现，想实现什么？实现多少？截至何时？

　　新顾客的数量：在已有的客户群内提高销售额是一个目标，发展更多新客户是另一个目标。拥有新顾客可以提高营业额，同时你也不必总依附于已有的客户群。你想拥有多少新顾客呢？

　　在固定客户群中增加销量：给每一个固定顾客设定你想要增加的销售额度。

　　投放产品的合适时机：你计划向市场投放新产品，却被一拖再拖？请你给予这个项目更多的优先权——你应当更重视它，设定一个时间表并按它执行！

　　提高产品质量：高质量带来的顾客满意度是一个独一无二的优势，也是一个很好的销售主张！请你分析一下产品和生产程序，找到自己的软肋，并且消灭它！

　　减少索赔投诉：不满意的客户会离你而去，满意的客户会向别人推荐你。请你关注顾客投诉，数量多少和处理情况。顾客投诉的越少，产品的品牌和形象就越好——就能取得营销上的成功。

　　请你注意，销售目标与企业的战略相符并源于其中。目标与策略的相悖不仅引发矛盾，还会使其蒙受损失。因为这种相悖意味着，企业管理与营销在两条完全不同的道路上运行。所以，请你审视一下营销的目标，带着质疑的精神与企业的CEO探讨和协作。当确定好发展方向的时候，你的营销团队就要齐心协力。

　　在这里重要的是：目标越具体、越清晰，就能越顺利地交流。当然，这样还有一个优势，你的团队明白，谁在什么时候会有怎样的期待。你的团队成员会自己考虑，如何帮助和支持企业实现目标。相反的，谁在商务日常中无所事事或者没有明确的目标，他就失掉了企业的战略眼光。或许，他陷入了错误的目标里，迷失于短暂的成功中。后果是，顾客管理的重点方面被忽略，企业不得不一直寻找新顾客。忠实的顾客能为企业成功做出很大的贡献，这也体现在营销智慧的研究项目中。

摘录　　自营销智慧研究项目：

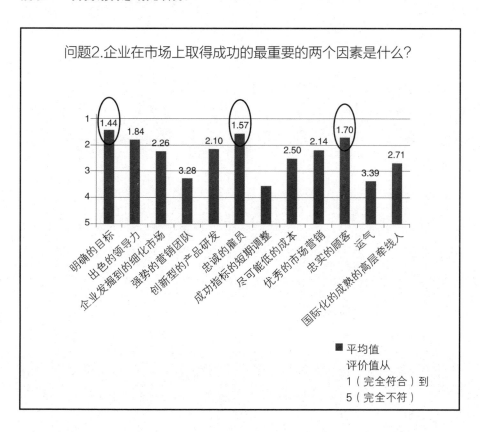

忠实的顾客，对于受访者而言，也属于企业成功的决定性因素。在调查参与者中，令人惊奇的是，有56.3%的人认为忠实的顾客对企业成功非常重要，给出了1分，26.5%的参与者给出了2分，仅有2.9%的人认为完全不重要。

让顾客成为你的粉丝！

如何让顾客成为你的粉丝呢？标准答案这样说：你应当把注意力放在面向顾客上来，而且要全面地理解营销。这是我们常常听到的，却很少能真正地付诸实践！因为，我们不明白这到底是什么意思？顾客对企业、销售人员以及售货员有明确的期望。营销智慧®的研究项目里清晰地证实了这点。因此，仅拥有时尚潮流的产品远远不够，你不要在时尚的背后追赶它——而要创造时尚。别问你自己"我的产品里有什么？"而要问"我的顾客需要什么？我的哪些产品能满足顾客需求？哪些产品可以改进，在不久的将来仍然受欢迎？"

你应该从已经制造出的产品中汲取经验，与顾客直接交流对话，通过网络或者私人会谈。你需要建立起用于沟通和交换想法的平台，回复新的启发和灵感，研究这些巧思并继续丰富它——最好与你的顾客一起。提出问题、解决问题。而且，你可以召集尽可能多的顾客加入进来。在网店上设置评价功能，你要成为顾客的帮助向导，时常关心顾客群体的建议。提供邮件推荐项目，这样便可以了解哪些产品让顾客完全满意。在新产品的策划阶段就进行调研，为你的VIP客户群预先提供精选产品和服务。收集

VIP客户的反馈——这种方式更方便，你甚至可以不需要进行市场调研！在网站某个特定的区域放置产品的测试版本，邀请你精选出的客户参与讨论。你一定会惊叹，能收到这么多有价值的启迪。

实践中的建议 ⊦

有助于营销的沟通措施

正确的企业沟通同样可以推动营销，比如：网络工具，通过它可以直接与顾客沟通。以下有几项具体措施：

可供顾客交流或展示构思与观点的论坛和博客：注意定期沟通交流和尽快回答顾客问题。顾客之间互相交流，如果需要的话，你可以参与主持会谈，也可以启发他们进行讨论。

产品的评价功能：评价功能只有具体全面地囊括各种因素，才能具有说服力。一个简单的"赞同"与"反对"并不能说明问题。你应当进入顾客的思想世界：对他们来说，什么是重要的？为了满足他们的期望，需要产品研发者关注和了解什么？

产品推荐也可以通过网络实现——亚马逊网站就是这么做的！每一位顾客浏览过产品之后，都会收到相关推荐"购买了这些产品的顾客，也买了……"

顾客焦点群体：邀请你的顾客参加研讨会，从中获悉你的产品哪里受欢迎，什么地方影响了用户体验。

进行问卷调查——可以免费利用像Doodle一样的工具推行。

设立反馈机制，优化电子简报的使用，读者可以订阅拓展信息或者直接与你和营销团队中的成员建立联系。

在产品的打印包装上添加联系方式。而且：积极地请顾客使用它！

告知顾客市场，新法规，潮流以及科技的机遇和可能性。把你的产品和服务设计成最实用的。展示给顾客，你为他们付出了什么——激发他们的购买需求！

被低估的技巧：销售

你的营销团队经常低估自己的潜能。这跟顾客直接的交流有关——不计其数的网店经营者无法实现这一梦想。或者，更近一步地说，你无法再接收市场的信息。无论你是提供金融产品，还是为机械制造提供企业对企业的营销解决方案：你都需要从顾客那里了解，他有什么困难？面对着哪些新挑战？哪些问题急需解决？还面对着哪些未知的？也许，下周他就要决策，他哪里错了，哪里又过于谨慎了。当然，还有哪些计划要实施。你可以得到顾客对产品的直接反馈，假如你愿意和利用这种方法，就可以进行免费的市场调研。因为，想更多地了解产品的优势和劣势，就要与你的顾客沟通。

三年前，顾客还请求我们给营销哲学一个名称、一句口号和清楚的价值观，于是，我们决定在布尔团队中征询建议，不仅包括所有重要的领导层还包括重点客户和供货商。有时候，这真是件累人的体力活，需要认真的斟酌，反思，然后才能落笔成文。这一过程经历了10周，总共包含20场研讨会，很多附加会议，最终得出了明确的结果。企业所有的领导层成员承认共同的价值体系并签署了文件。顾客和供货商了解结果。直到今天，这份文件还挂在企业培训中心里。每个人都能看见——包括签名。领导层和供货商在手机里或者包里都有一份文件摘要。

如何把营销和产品研发有机地结合？经典适用的方法是：结构性地把控和客户会谈的反馈评价。反馈评价越高，你就可以越快越灵活地调整产品。在记录会谈内容的时候使用表格，内容填写得越简单明了，对你就越有用！

新产品的研发需要考虑营销策略。建立工作小组或者开展专题研讨会，你可以采访最棒的销售员。思考一下，哪些你制造的基础商品可以依据顾客个性化需求进行改造，你如何最好地推广产品。因为，越多地考虑营销，就能越有把握地研发和销售产品。在这一阶段，你就可以使用销售和顾客之间的直接渠道。与你的团队一起，向顾客说明，你很重视他们的意见和看法，请你的团队成员一起调查用户对新产品开发和进一步研发的想法与愿望。

实践中的建议 ⊢

你的产品没有决定权，用户说了算！

为了更清楚产品的优势和劣势，你应当寻找那些有消费潜能的顾客。询问顾客的用户体验：他是否满意？产品物有所值吗？他还希望怎样的改进？他是否向别人推荐产品或者赠送给他人？

与顾客一起展望未来：他需要产品更新和补充吗？他需要哪些售后服务？有哪些研发影响产品的使用价值？例如，针对个人隐私保护新的法律条款，新软件无法适用于旧的操作系统？或者，顾客总在变化，需求无法实现？

推荐解决问题的路径与渠道：开展与产品研发者和顾客一起交流和对话的专题研讨会。

给领导层和产品研发部门反馈：只有知道潜能在哪里时，人们才能开发利用它。你应当把信息反馈给企业，这些信息或许可以给企业建议机制提供灵感和启发。

保持与顾客交流——私人的、通过邮件或者社交网络。向他们表明，你希望建立长期的合作关系，而不是短暂的买卖关系——他一定会以加倍的忠诚回馈你！

特殊挑战：金融产品

在金融领域，新的、智能的、灵活性极强的产品也备受追捧。然而，只有很少一部分顾客明白，他们真正需要什么，什么是有价值的。他们何时可能会面对供给不足的风险，何时又会得到超额的保护？用户3.0的未来受到许多不可预测性因素的影响。今天，每个人都可能面临失业，终生学习的压力越来越大。对许多人而言，职业以外的学习是事业发展的唯一保障。

第二章
用户3.0需要新颖的产品构思、度身定制，满足他独有的愿望

在这种混乱迷茫的情况下，用户3.0——作为个体或者商人——需要做一个会影响他未来长远的金融决策。他应当知道退休金有多少，保持当前的——未来的——生活水平，有高水平的医疗健康保障，此外还可以满足他其他的梦想。他必须了解，在未来5年、10年或者15年，他的生活重点在哪里，他需要与哪些又贵又古怪的想法告别，或者有哪些挥霍奢侈的事情会出现在他的生活里。

解决这些问题时，我们需要专门面向顾客的咨询者的帮助。宏观地看待问题，才能尽快找出解决问题的答案。目标明确的问题能帮助你，更多地了解顾客的计划和需求。一个积极的作用：你对顾客越关注，他就会越相信你。因为，顾客需要咨询帮助。遗憾的是，你经常会有这样的经验，你的要求完全无法激发营销团队的积极性。德国技术监督基金会（Stiftung Warentest）得出结论，投资顾问没有转换角度和思维。他们对顾客需求的分析不准确，很少深入研究个别问题，只是根据顾客需求给出建议。而且，大多数情况下顾客无法表达自己的想法。

最重要的是，了解顾客的内在价值观。内在价值观可以推动和刺激他做出购买的决定。关注顾客在Xing或者LinkedIn网站上的群组和讨论帖，Facebook上的发帖与赞过的帖子，专业平台上发表的文章比如在competence、brainguide或者推特的Tweets网页也可以帮助你更好地了解顾客。为了给顾客提供符合他心意的产品，你需要知道，什么能在他（的潜意识里）激发购买动机。动机也有它的原因，可能是为了避免令人不悦的情况：总有一个"去把"的动机（快乐），这就是要求目标，也有一个

"离开"的动机（伤痛），也就是避免目标。不为自己退休投资的人，年老的时候一定穷苦。不为自己购买无就业能力保险的人，在遇到这种情况时，会给自己带来不便。

背景信息├

营销人员的社交网络

脸谱网（Facebook）：一个最大的和最受欢迎的社交网站之一，它发展成为"网络中的网络"，主要被私人用户使用。据脸谱网（Facebook）的财务报告显示，2013年末Facebook在全球范围内已拥有12.3亿的用户。越来越多的企业发现在Facebook建立主页对于品牌形象、顾客交流和对话有很多好处。每一天登录Facebook的用户就多达7.47亿。

XING:在企业对企业（B2B）的社交网络平台上，商业伙伴既可以交流思想，又可以吸引新顾客。成员可以建立个人资料档案，找寻朋友，提供联系信息。可以通过在专业论坛上发帖展现个人实力。企业也借由这种方式吸引与其相符合的公司的注意。到2014年6月，已经有1400万用户在Xing网站上注册。

Google+:在2011年6月底网站启动之后不久，该网站就已经拥有将近2000万的用户。而且，如今该网站比推特有更多的"+1"的选项。公司在上面开设网页会更具潜力。

推特（Twitter）：给所有人更快的信息渠道，仅限于140个字符的表达，可以将链接和视频与其他网站绑定。

LinkedIn：与Xing网站类似，据网站数据显示，全球用户已达3亿人（2014年9月）。用户可以推荐企业主页上的产品。

专业的社交网站：现今，许多行业都有专业的社交网站。比如，在能源领域的energy.de或者物流业的globalISCM网站。

你如何才能获悉顾客的真实需求？此外，首先，如何说服他相信你有适合他的产品？你需要了解，顾客有哪些经济方面的预防保护措施？问一问你的顾客，他在未来的10年、20年以及30年里想要怎样的生活。找出预防措施里的漏洞。分析数据并制造符合要求的产品。发现顾客的金融机遇。当你了解以上所有问题时，就可以分析顾客的需求并帮他制定解决方案。

对照清单：这些问题能让你更好地了解顾客（理财咨询）	
你现在生活水平有多高？你有哪些收入来源？哪些支出？你每月想要投资的数额？	☐
你已经有哪些投资项目/保险？	☐
这些投资的目的是什么？你有哪些想要在晚年实现的愿望和梦想？大概到什么时候为止？	☐
在未来的5年、10年里，你想怎样改变生活？（通过结婚，生子，换职业……有什么具体设想？）	☐
独立性、自主性、自由对你有多重要？	☐
安全感对你和你的家人意味着什么？	☐
你认为哪些保障必不可少？	☐
你期待每天或每月获利多少？	☐

小结

用户3.0想要在品牌和产品中重新定位自己的价值观。这表明，他必须与普通和标准告别，比以往更多地提出"用户化的解决方案"。

销售中的具体措施：

1. 研发和销售符合顾客愿望的产品，既可以独一无二，又可以有上百或上千种变化。

2. 跟上时代的节奏。使用各种可能性与你的顾客沟通交流——私人会谈或者通过脸谱网（Facebook）或者其他的社交网络。

3. 向你的顾客询问他们对产品和功能的意见——在研发阶段，销售阶段和拓展研发阶段。

4. 为你自己和团队树立明确的目标。明确你和你的产品代表着什么，你想要实现什么目标，何时实现目标。

5. 关注顾客关系！快速销售这一策略已经过时了。长期的客户服务才能带来成功。

章节重点"用户3.0"的更多信息、文件和视频详见以下网站：

➜ www.vertrieb-geht-heute-anders.com

销售无处不在：3.0的时代被销售无死角覆盖 —— 销售24/7

在这一章节里，你会了解到，什么是销售24/7:无论在何时、何地、通过何种（数字化）的渠道，人们都可以相互联系。我们研究的问题是，社会媒体给营销提供了什么机会——其中，哪些有真正的实用价值。

第三章

销售无处不在：3.0的时代被销售无死角覆盖 —— 销售24/7

企业对企业或者企业对客户的营销会一直存在：人与人的交易。人和人一起为人类做生意！人从人那里购买！因此，作为一名销售员，你应该尽可能多地了解你的顾客，这些未来的买家，会让你获益匪浅。

你知道，你的商业伙伴在哪里读大学吗？他有什么爱好？喜欢听什么音乐，爱去哪家咖啡店？不知道？那么，就是你自己不对了。随着Web2.0时代的到来，智能手机以及用户3.0的生活方式的引入，你的顾客可以接收个性化的、私人的信息。信息，它让用户保护人担忧。但是，没有人会关注无更新的主页。用户3.0愿意坦率地与世界上其他的人分享——包括你！他分享自己的数据，而且知道他的意见适用于市场营销的目的。

背景信息 ⊢

签到（Check-in）服务和定位服务

谁、什么时候、在哪里？用户3.0可以借助于签到服务为你一一解答。饭店、机场还有其他的服务商和企业注册了这一服务。现在，一位游客来到某个地方，可以通过智能手机或者电脑点击签到标志，并把他的位置分享到其他社交网站上。

定位服务的运作则有所不同。它和移动运营商有关，可以为顾客提供地点的周边数据与信息——例如：附近的名胜古迹。

这些数据也适用于那些新的基于地点定位的社交网站。与签到服务类似，用户的朋友可以通过社交网络了解，他身处何方。

例如，Foursquare[①]：多亏了签到服务，人们才能与朋友们一起分享他们去过的地方。在德国境内，就有大约10万地点在Foursquare上注册——平均每300米就有一个地点。

http://de.foursquare.com/

餐厅、咖啡馆、企业、购物中心、火车站或者列车——所有都囊括其中。用户3.0自愿与他的社交网络分享，他到过哪里。此外，还分享很多其他信息：针对某一地点，他给出自己的评价和推荐，提示大家哪里的咖喱香肠价格偏高或者太辣。或者，他赞了某个地方的服务，并在他的朋友圈中进行市场推广。每一个决定要使用该服务的人，都会泄露自己的时间和地点，不仅在已注册地点的Foursquare的网站上，也出现在自己的Foursquare个人主页。经过设置，还可以将此信息分享到推特（Twitter）和脸谱网（Facebook）。

一流的企业也把这项服务应用到市场营销中。例如：荷兰皇家航空公司KLM，它的口号是"KLM surprise"（荷兰皇家航空，体验惊喜不断）这家公司为它的乘客提供了基于地理位置的服务活动，乘客可以在机场候机时，通过Foursquare网站在"KLM地点"签到。在活动期间，KLM的工作人员监督和审查所有的签到，找出对应的乘客，送上礼物。独特之处在于：乘客对此项活动根本不知情，所以这令他们十分惊喜。

Foursquare网站不是Web2.0时代唯一拥有签到服务的网站。脸谱网

---

① Foursquare 是一家基于用户地理位置信息（LBS）的手机服务网站，并鼓励手机用户同他人分享自己当前所在地理位置等信息。

（Facebook）也有类似的服务Facebook Places。用户可以在发帖时标明他刚才在哪里或者在哪家餐厅停留，并且可以把这一信息与他的同伴的名字也连接在一起。

营销的机遇：
对市场研究与客户关系管理进行签到（check-in）服务

时至今日，签到服务在德国的应用并不广泛。2010年夏天，德国境内有将近2万人使用这项服务，比如：传媒教育家托马斯·菲佛（Thomas Pfeiffer）。到2011年的秋天，Foursquare网站给出了新数据，全球现有七百万用户。尽管签到服务可以给用户带来很多便利，但是此项服务依然没有得到充分利用。现在，签到服务对顾客的利益和好处并没有体现出来，还有很多开发潜力。注册地点的其中一小部分为Foursquare网站的用户提供了一个特殊的项目。项目大多来自餐饮业领域：10次签到就可以换取免费饮料，或者给近两个月以内最经常光顾的客人平价咖啡的优惠。当然，在使用时也存在着潜力：到2010年底，依据托马斯·菲佛（Thomas Pfeiffer）的观点来看，没有人在每两个地点中的其中一个签到，有3个或者更多不同的人在8600个地点签到，有多于20个人在新注册的2600个地点签到，超过30个人在1500个地点签到。虽然，在德国Foursquare地点随处可见：理论上，平均每300米用户就可以签到。

当然，这一切不久会发生改变。随着智能手机的普遍推广，越来越多的人会使用类似的服务，以便与他人分享。你如何从营销中获益？
Foursquare网站和其他相似的签到（Check-in）服务适用于市场调研工具：企业可以通过运用这项服务收到产品反馈，在需要时，可以借助这些信息优化产品，使其更符合顾客需求。Foursquare网站和类似的签到（Check-in）服务不仅与你分享，哪些顾客在你的网站上签到。你也可以看到顾客接受了哪些产品。在Foursquare你的个人主页上还可以查看访客如何评价你的公司，他们需要什么和不想要什么，还有他们推荐什么。你可以借由这个契机，与用户沟通交流，请他们积极地提出优化的建议。在Foursquare网站上注册的企业可以直接得到未加任何修饰的用户反馈。即使没有感谢和回馈，也同样可以收到反馈信息。想了解顾客的评价有多直接，可以看看顾客对火车站的评价，多特蒙德火车站就收到了尖锐的批评。

此外，签到（Check-in）服务为优惠与折扣系统开启了新的可能性——通过这种附加值优惠，可以使普通顾客变成老顾客。此项服务提供了与顾客直接沟通的机会，就像荷兰皇家航空公司（KLM）的案例一样。比如，法兰克福机场的运输公司，fraport：在这里签到的用户都会收到一封欢迎邮件，fraport公司希望建立更好的客户关系。另一个案例，优惠券平台网站Coupies上的特价商品：顾客可以在"家庭和孩子"一栏里找到附近的贝沃兹（Babywalz）公司的分店。顾客可以查看网站上可以使用的优惠券，然后可以在离家最近的实体店使用网络优惠券。

第三章

销售无处不在：3.0的时代被销售无死角覆盖 —— 销售24/7

前进中的移动营销

社交媒体和签到服务可能引发一场"病毒性的成功"，就如同通过智能手机的研发和广泛推广而实现的移动市场营销一样。

背景信息├

社交网络的快速推广

依据美国作家艾瑞克·奎尔曼（Erik Qualman）（《社群经济学》作者，Socialnomics）的观点，电台需要花38年的时间才能收获5000万听众，电视台需要13年，而互联网需要4年。只有脸谱网（Facebook）更快：社交网络在不到一年的时间里就收获了1亿用户。2010年夏天突破了5亿用户，仅仅半年之后，就跨过了6亿用户的大关。在这本书编辑完成之前，又增加了2500万的新用户。当然，脸谱网（Facebook）也无法保持"永恒的增长"。在美国，脸谱网（Facebook）是谷歌（Google）出现之前访问量最高的网站，比如，2011年春季脸谱网（Facebook）已经损失了600万活跃的用户。（http://www.insidefacebook.com/）

自从苹果公司把智能手机推向市场，手机就不仅限于用来打电话和安装sim卡。来自于各家供应商的智能手机和平板电脑（例如：Ipad、GalaxyPad、Idea Pad、Xoom、Streak，这里只提及了少数品牌）用户可以通过各种平台交流。智能手机结合了手机和网络功能，人们不必被迫用私人电脑或者笔记本查阅邮件——用手机就足够了。在约谈之前，快速地浏览新的商业伙伴在XING网站上个人资料，或者，通过他在专业论坛上发表的文章来检验最新产品的重要性，快速阅读网络论坛上对公司的哪些问题展开讨论，并且能为营销找到"需求"？这一切都不是问题。

恰恰是新技术为营销带来了乐趣：销售永远都处于最前沿的状态，能更多地了解顾客和更好地为会谈做准备。无需漫长的搜索，非常简单，而且不需倾注过多时间——多亏了相关的搜索引擎服务，比如：www.google.com/blogsearch或者http//:search.twitter.com。

背景信息 ├

移动营销

移动营销利用移动终端设备，例如：智能手机，为消费者和商业客户提供服务，比如，信息和优惠折扣，等等。当然，服务还包括一些数字化内容如游戏、音乐或者视频。此外，也可以通过手机网上支付。移动营销的目的是，吸引顾客的注意力并在理想的情况下完成交易。

正是这些机遇和跨越了年代界限的兴趣点才能使智能手机飞速地扩展和普及。2010年，已有11%的德国人加入了新的手机一代。他们中的一些人很受鼓舞——所谓的智能手机原住民——他们甚至无法想象没有智能手机的生活。在一项名为Go Smart的调查研究中显示，其中49%的人几乎每天都在网上，不错过任何信息，在网络社区里实时分享一切资讯。

智能手机不仅为用户和移动运营商带来了真正的机遇，而且这一新科技给不同行业的市场营销开拓了前所未有的机遇，在几年前根本无法想象的而且在未来还会无限扩大的机遇。美好的一面是，每个人都可以获益，无论是零售商，还是不动产行业、金融服务提供商以及传媒和旅游业。

感谢智能手机：扩增实境的新营销手段

扩增实境：随着我们感官的电脑生成技术的拓展，"真实的世界"有个副标题，贝哈德·约德莱特（Bernhard Jodeleit）在他的著作《社交媒体关系》（Social Media Relations）中着重强调。

背景知识 ⊢

扩增实境

扩增实境是指一个扩展的现实世界，真实世界与计算机制造出的虚拟世界连接在一起，生成一个"混合现实"，在其中可以获取和接收来自两个世界的信息。扩充实境的目的是，为使用者扩充超出他真实感受之外的附加信息，这些信息之间有明确清楚的关系并且符合当前使用者的感受。在他的所见所闻与他从智能手机中接受的信息之间存在着一种实时互动。这意味着：比如，使用者可以通过智能手机在此刻获得关于德累斯顿圣母教堂的信息。

此项技术在营销和销售中拥有无限的使用可能性，而且会不断发展。人们必须设想到这一点：有一天，产品和服务几乎可以自主提供运作——并为自己解释和宣传。

寻找房屋的租客走过一片住宅区就可以看到空房的信息；汽车可以显示出它为什么停放在那里和什么地方需要维修；产品会告诉我们它的产地、内部结构和价格。传统的媒体例如报纸变身成为互动的沟通渠道，当提出的问题已经出现在报纸的印刷版本上时，问题的答案会以气泡对话框的形式呈现在智能手机的屏幕上——南德意志报杂志已经尝试了这种方式。就连报纸上字谜游戏的答案也会在需要时出现在手机上。用移动电话要小聪明和作弊——如今也不是问题了。

资生堂（Shiseido）提供了一个无需购买就可以测试化妆品的机会。人脸识别技术让一切成为可能：顾客只需选择一款心仪的产品，进行虚拟化妆，就可以通过"化妆镜"评断妆后效果。

➜ http://www.basicthinking.de/blog/2010/03/16/augmented-reality-im-schminkkoffer-shiseido-praesentiert-den-digital-cosmetic-mirror/

当然，试穿新衣服也经常在虚拟空间中进行。同样，阿迪达斯（Adidas）还为顾客提供了具有实用价值的名为"Micoach"的互动私人训练服务。

➜ http://www.adidas.com/de/micoach

第三章
销售无处不在：3.0的时代被销售无死角覆盖 —— 销售24/7

以上这些都可以通过网页和智能手机的软件实现，例如：跑步中会测量心跳或者血压，并且数值会传输到软件上。这样可以为跑步者提出参考建议和训练指南，他还可以和自己的偶像一起跑步。

奥格斯堡汇报邀请读者参加一次全新的报纸阅读体验：在2011年2月24号，它作为第一家地方报刊出版了一期完整的3D副刊。读者可以使用3D眼镜阅读这本32页的副刊，其中的照片、图表和广告全是3D印刷。针对这期刊物德国的趋势研究员和未来学家斯文·哈伯·扬斯基（Sven Gabor Janszky）还接受了访问。

➜　http://www5.azol.de/online-verlag//blaetterkatalog/3d/3D/blaetterkatalog/

3D电视也不再是稀有物品，它也为顾客提供了全新的交流沟通的可能性。让你的产品勾起大家的购买欲，或者在营销时加入对3D电影的推荐。例如，在房地产：计划是美好的，可是为何不逃离一下，去营地和大殿游荡。

长久以来，扩充实境运用于军事领域；然而，在新时代这项技术渐渐地应用于各个领域的精密机器的操作与维护中，尤其是在医学中，例如：手术。做手术的医生以及技术人员可以获得关于特殊光学眼镜的补充信息，这是手术达到最佳效果必不可少的条件。就像电影院里的终端设备一样。这刚好与扩充实境相似，拓展现实世界，使其发挥实际价值。就像电影院里的设备一样：镜片的研发使得很多附加信息进入你的视野。

新的销售渠道"芝麻开门"

网上购物当然也属于扩充实境的范畴：当某人由于虚拟的网络广告和附加信息做出了购买决定时，"购买"只需一个按键就可以实现。德国邮政DHL开启了新的营销渠道。线下筛选，线上订购——整个过程无需使用电脑，德国邮政就是用这个方法在他的购物平台MeinPaket.de上进行推广。此外，它专门为那些对互联网有顾虑的人创办了个人互动的客户杂志。互动原理与二维码相似，建立在互动服务CLIC2C上。水印标志"芝麻开门"为网络数码世界开启大门，对此满怀期待的30万读者中的任何一个人只要拿起装有相应应用程序的智能手机，对着他喜欢的商品图片扫一下，就可以直接打开网络平台。杂志上的印刷内容就变换成动态的多媒体内容，可以立即开始购物体验。

→   www.deutschepost.de

背景信息 ┝

CLIC2C

互动服务可以把印刷出的信息转变成移动多媒体信息中的报纸、购物目录、广告招贴或者包装。这些都可以通过智能手机转化为可视的内容。为了实现这一互动服务需要水印技术数位浮水印（Marcas de Agua Digital），这种水印可以通过音讯、图片或影片扩展和传播。

菲亚特汽车公司（Fiat）也应用了这项科技——由该公司对接营销的服务商Meiller Direct公司直接运营。由于CLIC2C技术与智能手机的结合，汽车杂志的读者可以预约互动式的试驾体验或观看汽车的广告视频。

➡ www.onetoone.de/Meiller-Direct-Fiat-nutzt-CLIC2C-18652.html

这些新的发展和机遇也改变了商界。为了在线上和线下越来越激烈的竞争中生存下来，商人需要更多的新想法。其中包括一种很常见的组合销售方式：把静止销售和网店销售结合起来，在社交网络中既有实体，也有扩充实境的投入。不久的将来，生意会主动出现在顾客流动的地方——说不定在城市中心。信息、地点和产品需要与潜在的顾客智能化地联系在一起。智能手机的用户应该为在自己独有的橱窗中琳琅满目的产品惊叹不已，扩充实境就这样变成了扩充"销售"——拓展生意。

这一发展不仅可以应用于终端客户群中，也可以用于企业对企业的营销阶段。在专业展会上，可以在站台上获得附加信息，例如：由于产地限制无法展示的营运车辆和机器的3D动画。医学和机械制造——如之前所提到的——是另一个巨大的应用领域。英国的朱尼普公司（Juniper Research）预估了扩充实境的市场到底有多大。截止2014年扩充服务有7.32亿美元销售额的收益。

扩充实境与定位服务

多亏了智能手机，扩充实境技术才得以广泛应用。例如：定位服务：

基于地理数据用户能收到筛选过的附加信息。产品的价格直接出现在手机上——也会出现价格优惠的供货商的路径描述。通过信号灯系统可以显示产品是否符合个人生活方式和需求。

我们可以从中推导得出一些新的营销策略：

· 在机场和火车站投入虚拟的平面广告，在专业博览会上推出和展示符合主题与卖点的特别产品。

· 个性化产品推出，关注智能手机中传播的信息，用户的性别和大概年龄层，确保人们可以从这些信息中获益。

· 提供丰富的、涵盖面广的附加信息，从高科技产品、物流货仓的虚拟巡查，到营运车辆和私家车的3D视图——所有这些信息都可以。

· 借由扩充实境技术，超级市场中的产品对比在不久的将来会变得更简单。顾客可以用智能手机获取附加信息或查看产品比对后的差异。如今，专业的科学技术已经可以实现透过包装查看内在的产品内容：顾客只需把产品放在机器前，它就像一面镜子一样，顾客可以看到心仪的乐高玩具组装和调试好的样子。

· 通过智能手机还可以查看产品说明书。它可以与谷歌地图相连，顾客可以查看所在地附近的他喜欢的连锁零售商的所有分店，而且可以通过网络目录查阅特价商品。除此之外，顾客还可以增添自己喜欢的产品目录或者按行业不同将说明书归类。商家从中获利很多，他能够从此项服务的供应商处得到这样的信息，比如，哪些人查看了说明书？看了哪家零售商的？看了多长时间？

➤ http://meedia.de/internet/warum-axel-springer-kaufda-kauft/2011/03/02.html

伴随着新的可能性的出现，人们的使用行为也发生着改变。智能手机会更频繁地运用于移动网上购物。这一发展的开路先锋如今已经表现得很活跃：22%的智能手机用户通过移动网络查看产品性能，20%的用户通过智能手机访问价格比较网页，15%的用户比较当地供应商的产品价格。10%的用户开启了智能手机的二维码扫描功能，收到了广告和杂志文章此类的附加信息——或他刚刚在商店中看到的产品的相关信息：为什么电脑要放在这里，是为了对比出旁边的价格更便宜吗？或者，费劲地去寻找一位销售，他能给你提供需要的信息？二维码里包含着以上一切重要的信息。

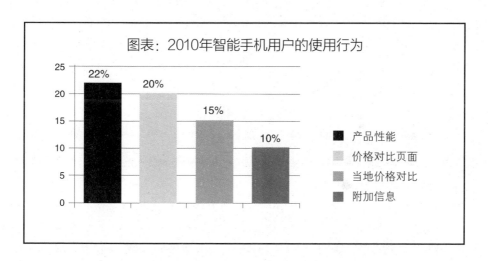

图表：2010年智能手机用户的使用行为

App（手机应用）：小程序能刺激更多消费

APP，智能手机里的小程序，也是营销成功的一个重要优势。时尚杂志《Glamour》的读者随时都有个人免费的穿衣风格指导：只需上传照片，专业的造型师就会评断，所选的衣服是否适合，同时也会给建议应该如何搭配。

如今，Apps也应用于B2B（企业对企业）的电子商务和营销中。比如，慕尼黑的一位时尚服饰的批发商就能和营销团队一起用App调阅衣服仓库存储量的数据。

优势：在与顾客交谈时，销售既可以告诉他们服装的存货数量也可以说明与之相关的发货日期——这样一来，一方面可以让顾客觉得你更值得信赖，另一方面也可以提高销售量。因为有时库存量每分钟都会发生变化。一旦顾客同意下单，销售人员就会通过App把信息递送出去——货物被标为已售，库存量也会进行更新。

汉莎航空（Lufthansa）经由App提供了一项售后服务。旅客可以用智能手机进行网上签到（Check-in），然后收到一张数码登机牌和关于这次航班的所有信息。

通过智能手机可以实现灵光一闪、信息和售后之间的无缝连接。如果谁愿意的话，甚至还可以用手机直接支付。现金和信用卡不久将成为历史。因为智能手机，移动付款服务占领了优势。现在，万事达信用卡可以通过无限芯片检测，进行手机支付。顾客把手机放在充值机器前，输入密码——付款就成功了。

➜ http://www.wiwo.de/technik-wissen/galerien/welche-techniken-bis-2020-verschwinden-1501/6/kreditkarten.html

Hoppenstedt公司，一家著名的金融信息供应商，自2010年通过App平台提供了偿还能力信息。有兴趣的人可以调取逾450万家德国企业的数据，用于在会谈前后评估该商业伙伴的偿还能力。在偿还能力指数和大量pdf资料的基础之上，企业再做出决策，是否值得进一步投入。

➡ http://www.hoppenstedt360.de

智能手机在我们的生活中占有一席之地。今天，我们使用智能手机就如同以前使用带拨号盘的电话时一样自如，只不过它为我们提供了更多的功能。前些天，从加米施到慕尼黑机场的路上，在一辆没有导航系统的租车里，智能手机帮了大忙，让我和摄影师斯蒂凡找到了最优路线。谷歌地图提供了基础路线，我们指挥司机绕开了所有交通堵塞，快速地告别，最后终于坐上了飞机。其实，我们原本可以避开忙乱，由于雨水和结冰我们等了三个小时。夜里将近1点钟的时候，飞机再一次开进了飞机库里。我们也呆呆地站在那里——没有司机，没有车。"around me"这个App帮助我们找到附近所有的出租车司机。如果没有这个软件，我们一定被来往匆忙的旅客、毫无经验的空服人员和已经关闭的租车站包围着，就算有酒店和出租车中心也是白搭。

多亏我们选择了合适的App，于是我们找到了清醒的司机，快1点半的时候就出发了。从慕尼黑向杜塞尔多夫进发——坐出租车去！就这样，我们准时在9点赶上了预约的时间，如期进行公证。

背景信息 ⊢

如今，顾客这样使用智能手机

以下这些数据出自于已经提及的调研项目，这些数据可以证明市场无可限量的前景有多大：

75%的手机用户无法在没有手机的情况下离开家。

48%的受访者使用智能手机打发等待时机——比如等车的时候。

比如：在2010年，有350万的用户使用智能手机观看选秀节目"Deutschland sucht den Superstar"——这一数据比2009年高出了20倍。

71%的智能手机用户确信，他们今后会更频繁地用手机上网。

99%的受访者相信智能手机的好处。

55%的用户使用智能手机访问搜索引擎的频率与使用电脑的频率相差无几。

每三个智能手机用户中就有一个使用智能手机查看实用的信息像交通拥堵提醒、行车时刻表或者股票价格，使用频率与使用电脑查询差不多。

30%的受访者表示，到2012年想要一台智能手机，原因主要是像脸谱网（Facebook）和推特（Twitter）这些社交媒体应用的广泛使用。

社交网络中的营销

并不是所有脸谱网（Facebook）上的动态消息都有助于塑造更好的企业形象，即使当企业完成了预期的销售额增长。如今问题不再是是否可以在社交媒体上进行营销，而是如何进行营销。今天，线上提供的产品与服务，明天，顾客就期待可以通过手机看到，最终消费者和企业客户都有这样的期待。客户目标群之间的界限越来越模糊——如同现实世界与虚拟世界之间的界限一样。

如今，在脸谱网（Facebook）、XING、LinkedIn和其他的社交网站上的现有能力已经对市场营销已经具有决定性意义。研究机构舆观（YouGov）心理环境调查在2010年名为"金融服务市场中的社交媒体"针对行业在网络、论坛、视频网站或微博中的活跃程度进行调查。结果表明，对于金融产品感兴趣的人常常展现出在银行和保险服务业领域超越平均水平的活跃度，令人印象深刻的是，尤其在银行业中出现得更频繁。

科隆的商业调查研究机构（IfH）的调查显示，网络上公开的购买评价会影响顾客的购买决定。当然，志同道合者的意见尤为重要。Mobile.de网站的德国区负责人表示，由于社交网络具有推荐属性，在汽车销售中它占有越来越重要的地位。奥托集团（Otto Group）旗下的子公司Smatch.com网站也有相似经验，通过在社交网络上朋友间的相互推荐提高了购买产品的可能性和最小化了产品的退换情况。

加拿大的市场营销公司Syncapse估算出，品牌在脸谱网（Facebook）上的粉丝平均每年比普通顾客多消费60欧元购买产品。老实讲，这真的令你感到惊奇吗？反正，于我而言这并不稀奇。社交网络已经融入了我们的生活，它成为了日常生活的固定组成部分，它为交流和信息服务。为什么人们还必须每天花几个小时专门从其他渠道获取信息呢？用户3.0会直接使用他身边的资源，他查看朋友的推荐，在网络上查询检测一下公司的企业形象、可信度和产品。他观察在他身边活跃的商家，因此企业必须按规矩行事并守候在顾客身边！

今天，用户3.0可以自动地获取所有形式的信息资讯！所以，他更强烈地需要导向。随着在互联网上越来越快速频繁的沟通交流，用户3.0期待能够得到指导。强劲的品牌会在今后的销售过程中起到指导的作用。它们会比之前的使者、开释者以及给建议的人更有能力，并且加倍地提高销售和回报顾客。

提供直接客户联系的社交媒体

你知道Chefticket（企业高层票）吗？从2010年10月到11月德国铁路（Deutsche Bahn）在脸谱网上进行票务推广。这次活动有时间限制，而且只有通过脸谱网（Facebook）才可以购买。尽管如此，它仍在全德国境内为自己宣传。因为，顾客不仅需要便宜的车票——他们主要想宣泄一下心中的不满，于是他们开始无休止地购买。毫无准备的德国铁路遭遇了这场不幸，并表示对此无能为力。如今，这一活动在脸谱网（Facebook）上的页面闲置在那里。原因是：优惠活动已经截止。到此为止！还有进一步的沟通和对话吗？当然没有。

还有另一个积极正面的相反案例：鼓动大众——德国电信公司（Telekom）想要推行"百万声音"（Million Voices）项目。集团公司运用脸谱网（Facebook）和其他的传统宣传渠道，如：电视广告，鼓励它的顾客组成"最强大的线上合唱团"。这一案例获得成功：2010年12月德国电信公司（Telekom）打出广告："我们完成了"。与此同时，在脸谱网（Facebook）召集参与活动的主页上发布状态"体验，互联带来的享受"。超过3.1万位脸谱网（Facebook）用户按下了"喜欢"的按钮，并且成为了此项活动的粉丝。他们一起合唱，上传视频。电视上打出了合唱7秒的广告，而且正值新年到来之际在勃兰登堡门的巨型银幕前播放。这就是电信业巨人的一场成功的市场营销案例，人们完全可以忽略脸谱网（Facebook）上的批评声音。

"黄色的巨人"在脸谱网（Facebook）上也很活跃。德国邮政DHL为包裹站（Packstation）建立个人主页，而且很高兴能在脸谱网（Facebook）上拥有粉丝。这一页面用于推广DHL产品和进行抽奖游戏。此外，顾客和想购买者可以直接与DHL的服务人员在线聊天和咨询——2014年9月已有超过1700位为脸谱网（Facebook）用户使用这项服务。

这类服务在德国、欧洲乃至世界迅速地流传开来。每20秒钟在Youtube网站上就有140万视频被浏览，40个新视频上传；210条微博发布；140个脸谱网（Facebook）新用户注册；720张照片上传到Flickr网站；1200个iPhone-Apps被下载；47万个问题在谷歌上发布；不计其数的推特发送。博雅公共关系公司（Burson Marsteller）2010年的一项调查显示，四分之三的德国DAX企业和三分之二的美国财富杂志评出的200强企业已经使用推特（Twitter）平台。所有的推特信息中有逾20%的信息关于企业、服务和产品。他们是成功的，戴尔公司（Dell）预估，仅通过推特（Twitter）这个营销渠道在未来两年里就能够取得300万美元的额外销售额。

德国电信国际咨询公司德泰通（Detecon Consulting）的调研项目"未来的客户服务——运用社交媒体和自助服务实现新的顾客自动化"证明了社交网络中客户服务的重要性。所以，在不久的将来，通过博客回复顾客提问以及利用播客（Podcast）介绍产品和使用说明，都是很正常的事情。70%的受访者认为，社交媒体定义了未来意义重大的服务渠道。31%的受访者甚至表示，这一发展趋势在未来两年内会影响到自己的企业。因此，依照调研结果的企业不得不引入社交媒体这个服务渠道。

把社交网络中的品牌当作朋友

与现实生活相比，在脸谱网（Facebook）网站上注册过的人常常在网络上认识更多的"朋友"。网络上的朋友不仅有网站注册的用户，而且有一些品牌。例如，：奥托集团（Otto）。运输商企业和汉堡大学以及在波士顿的市场营销公司Olson Zaltman Associates一起进行调研，为什么顾客会在社交网站上与奥托公司（Otto）成为朋友。调查对象是社交群体脸谱网（Facebook）和推特（twitter）上活跃的用户，调研的结果是：互联、平衡、控制和表达自我是具有决定意义的动机。这些动机具体是什么意思呢？互联是指顾客在社交网络上也相信"他们的品牌"。平衡意味着，顾客在放松的休闲时间里使用奥托公司的社交媒体服务，这一服务被视为均衡和补偿。第三个观点，控制，表现出了顾客对更详尽的品牌信息和需求，并且能主动掌控信息的渴望。表达自我，是指自我展示，简单地说，就是与志同道合者一起互相交流沟通。

➜ http://www.ibusiness.de/aktuell/db/241878mah.html

奥托公司（Otto）在脸谱网（Facebook）上为他的顾客做了什么？所谓的"粉丝"可以获得购买打折品、特别商品、抽奖以及其他很多机会。他们属于VIP客户群，并且可以自主决定加入。视频介绍了新产品和产品系列，并且在脸谱网（Facebook）上粉丝群体还对此进行讨论。在"时尚日记"（Style Diaries）里，主持人Bonnie Stange和时尚设计师Marcel Ostertag一起讨论完美的Glamour杂志中的造型，了解慕尼黑啤酒节的传统服饰潮流或者预告夏装时尚造型。奥托公司用一个链接绑定了相对应的Youtube频道。

奥托公司选择与时尚与名望电视节目接轨，这与Pro Sieben电视台的一档节目"Gold Cut"有关。所有的参与者在Facebook网页上展示自己的设计。获奖作品会在不久之后通过奥托公司发布营销，Facebook上的粉丝可以提前预定。

奥托公司能够提供这样的产品和服务，说明它在Facebook群体里不仅仅是一个"朋友"：企业能灵活地且全面地运用它的页面为营销服务。对此，一个很好的案例就是社交媒体本来就是营销渠道。

其他公司也选择了这条道路：比如，黄金吐司（Golden Toast）公司。本来这家公司没有值得顾客与他们的朋友或熟人分享的产品。这家面包生产商想要改变局面。在公司这句口号"你和你的Golden Toast（黄金吐司）"的推动下，很快，顾客就可以在线调配自己最喜爱的面包配方。网站的访问者可以评价和继续推广配方。

彩虹糖（Skittles）公司，一家糖果生产商，也走上了这条道路。在它的网站上，顾客留下了不计其数的创意。超过1500万粉丝活跃在彩虹糖的脸谱网（Facebook）主页上，他们提建议或者玩"Mob the Rainbow"游戏。

➤ http://www.facebook.com/skittles#!/skittles?v=app_105689832803145

由于这些活动和具有说服力的表现使每一个品牌成为了顾客日常生活中不可缺少的组成部分，而且它还因此成为了顾客的朋友，也会成为其他人的朋友。

电脑制造商戴尔（Dell）公司要求员工自主地在社交网络上发帖、发推特和博客，而且要把自己的名字标上戴尔公司的标志。在伦敦、上海和美国的集团员工甚至还要在专业的学院进行有目的性的培训。接受培训的员工要为顾客提供服务，为顾客咨询服务。德国电信（Telekom），锡姆悠（Simyo）公司和卡戈拉斯公司（Carglass）以及其他的一些公司也通过推特（Twitter）进行了十分成功的客户服务。

销售24/7

用户3.0期待与你实时移动地对话与沟通。朝九晚五、每周五天的传统销售已经消亡。如今，每日24小时、每周七天、无论何时何地、通过各种（数字化）渠道，销售都在进行中。你可以在这里运用社交网络的基石，建立信任、开启沟通和对话、促进商业研发。信任是每一段商业关系的基础。在互联网2.0时代（Web2.0）重要的是，真正地带来高效和优质的服务，因为低效和低劣的服务会很快地传播开来。因此，质量保证和监控对于公司网络声誉的维护起着举足轻重的作用。

Web2.0时代中竖起的旗帜

网络提供了无数起点，让你可以从中获益。其中一个优势是很高的数据质量，例如：脸谱网（Facebook）最重视顾客给出的真实信息。作假的人或者被抓到发送虚假信息的人都会被踢出局。这样的事情就发生在一名记者身上，他为了阻止个人身份信息被窃取便使用了假的出生日期。当他更改出生日期时，虚假信息就泄露出去，于是他的账户被封锁了。因此，由于这样的连锁反应，按照专家的分析网站上80%的存储数据是可靠的。其中，不仅包括年龄数据，还有居住地、爱好和兴趣这些信息。值得注意的是，倘若你在脸谱网（Facebook）上做广告宣传时，可以定义和组建一个目标客户群，只有群组里的人可以看到广告。品牌与产品知名度的提升、建立良好的企业形象、赢得新顾客、个人主页或网店浏览量的增长和促销活动，企业都可以从中获益。

实践中的建议 ├

利用网络机遇

首先，当然是脸谱网（Facebook）的粉丝页面，上面时常有丰富的信息内容。可以使用之前提到的德国邮政DHL的信息栏。

让顾客关注你的脸谱网（Facebook）主页！在你的主页和邮件图标处添加粉丝页面的链接。这个小小的方框能够吸引顾客访问你的脸谱网（Facebook）主页。

把你的脸谱网（Facebook）页面的广告推送到别人的主页上。虽然这项服务需要付费，但是它已经取得巨大的成功，而且与印刷广告相比它还节约了开支。

为粉丝推送独特的产品和服务。请你想一想，每一位按下"喜欢"按钮的顾客，会把这一信息分享给他个人的社交网络圈。

将你的脸谱网（Facebook）页面与推特（Twitter）绑定在一起。你在脸谱网（Facebook）上发帖子也同时自动地在推特上发帖——你无需再发一次。

请你与公司的人事部齐心协力，确定课题和制订实施计划。你应当提前做好准备，如何应对批评或者如何应付Facebook上类似于德国铁路这样的案例。

请你为敏感话题与活动——比如：测试版本的体验讨论——建立一个群组。优点是有"亲密度"，当主页的信息栏对所有用户开放时，群组也可以在对外封闭的情况下工作。

你应当把社交媒体活动状态与传统的交流方式接轨。

身处Web2.0时代，你可以运用上面这些有效的策略技巧快速地结交朋友和赢得粉丝，并且获得其他潜在顾客的关注。不得不承认：只靠这些不一定能让你获得一笔实实在在的订单。当然，这是至关重要的一步。多亏了脸谱网（Facebook）公司才使得推荐式的市场营销到达了一个新高度。从我们的调研项目可知，名誉和积极正面的形象对于一个企业的长期成功多么重要。

摘自于营销智慧卜

研究项目：企业的名誉有多重要？

口头的广告宣传，更确切地说"通过鼠标点击的推荐"，属于企业最重要的成功参数之一。超过一半的受访者完全同意这一说法"企业的声誉能吸引顾客慕名而来"，这一项得到了1.82的高分。

"如果顾客一时兴起把企业推荐给很多有意购买的潜在顾客，那么企业是不是会成为顾客机器呢?"针对这一问题有三分之四的受访者认为完全符合。其余17%的受访者也大概同意,一共有92%的受访者做出了积极的评价。

对话3.0:企业与营销的挑战

实时开放的交流——恰恰这一点成为许多企业的挑战。Facebook网站、StudiVZ网站和其他的社交网站让企业无暇顾及沟通协调。更危险的是,互联网被肆无忌惮的矛盾覆盖着。通过这种简单的、免费的工具,你的顾客可以随时获取网络上关于你或你企业的信息。陷入这些信息之中的人,只能快速浏览得出结论。

每个在私人生活和职业生涯里使用网络的人都应该思考,数字网络世界并不依据隐私和职业来区分。用户3.0把你视为一个实实在在的人——也把你看作是公司各个渠道的代言人。

销售拥有完整的生命

我们举一个例子:假如你在销售部工作,并且正在准备明天一个很重要的顾客会谈。你已经全面地了解他和他的市场地位,你也制定出了适合顾客的服务项目,而且在理念和展示演说上花费了很多的时间和精力。长夜漫漫、无心睡眠。明天你会在Facebook上看到多少之前未曾谋面的人，瞧一瞧，这世界又发生了什么。你依旧会持续发送消息，无需过多思考，更新状态"现在与客户在一起……唉，好想去打高尔夫"，这是你的私人想法吗？注意！这可能会成为你今天成功的绊脚石，甚至是职业生涯的阻碍。因为，你的顾客也许在休息时查看，你是否活跃在Facebook网站上，你与谁有联系，谁给你留言，批评或者称赞你的咨询服务。

一些咨询顾问尝试着通过建立官方的和私人的主页来避免这种事情的发生。然而，只能视情况而定，并不是一直有效。因为稍微聪明一点的网络用户很快就可以找到并且比对你的两个主页。这样分开使用，比如，XING的主页用于职业社交，Facebook的主页用于私人社交，也只能短期有效。因为，你的商业伙伴通常会在各大论坛和网络平台上获取资讯。

实践中的建议 ├

社交网络上招聘销售

你可以借助网络寻找新的销售员工。越来越多的猎头利用，例如XING和Facebook这些网站寻找想要换职位的人，或者在carreer.com网站上发布职位招聘广告。猎头会扫描一些竞争者的个人资料，以便在需要时与合适的竞争者交流沟通。但是，请注意，败坏声誉的信息可能成为淘汰出局的标准之一。

→ http://www.handelsblatt.com/finanzen/recht-steuern/arbeitsrecht/wann-facebook-und-xing-den-job-kosten/3812754.html

如果你没有猎头的帮助，那么就需要自己登录相关的网络论坛和平台去寻找合适的销售员工。谁的能力与魅力吸引了你的注意？谁工作积极认真，鉴于他个人在社交网络上的活跃度——你愿意和谁一起工作？不要不敢浏览他们的个人资料和主页，你要搜集他们的群组人员的身份资料和论坛上发表的文章和言论。倘若你感觉这个人适合你所提供的职位——就直接和你理想的职位竞争者联系！

此外，你还应该注意他的个人信息：许多想要换工作的人都会把他的情况写在他的新鲜事或者状态里，还有可能写在论坛或者社交网络里的"广告专区"。例如：XING网站上有一个群组，工作招聘的信息都会上传到那里。企业也会在这里插入广告，以便让群组成员查看信息。

灵活多样地运用你的个人主页

顾客会在互联网上留下蛛丝马迹，假如你用心观察，便能获得好多信息，有意购买者的家庭情况、职业发展阶段、职业晋升渠道。再如，他的想法、梦想、价值观；还有，他的兴趣爱好、朋友——这些信息有什么用呢？离婚律师对这些内容很敏感，税务局也需要了解这些。不，你应该按照国家安全局的风格编写个人资料。客户约谈之前，你需要做的准备工作是，了解客户信息。互联网为销售过程中的私人会谈开启了新的可能性。

实践中的建议 ┝

使用个人主页

你能多大限度地使用这些信息，取决于你工作的行业和领域。比如，你的顾客在Facebook上表达了想拥有自己房子的愿望，你可以借此机会与他探讨投资理财项目。约谈新项目见面时，你可能赢得了一个进入主题的好机会。也许，你与客户有相同的朋友或者熟人，抑或，你与他曾在同一所大学读书。一同分享兴趣爱好，或者查看客户在Foursquare网站上的签到地点，合适的情况下，邀请他去他最常光顾的饭店。

顾客如果在网上提出了专业问题，你可以在这个基础之上，在线与顾客交流。或者，你在下次会谈时与他讨论。或许，你通过回答问题学到些新东西，获得新的启发——那么，你就可以与顾客直接聊业务。

不要忽视招聘网络平台

在B2B阶段（企业对企业营销阶段）互联网提供了一个宽广的、特别具有吸引力的机会，可以通过网络与顾客交流和推荐产品。说到这里，我们就不得不提到招聘平台，如今这些平台就像雨后春笋一般纷纷成长起来。联邦德国有一个，每个联邦州也有一个，而且每个城市都有一个独立的网络招聘平台。甚至连企业也运用招聘平台，得到更多的职位信息和了解其他企业，这样就能更好地对比职位信息。

实践中的经验┣

各个行业的专业平台

·建筑：

最主要的平台有：bauportal-deutschland.de，webvergabe.de或者http://bauausschreibungen.info.。在evalurajo.de网站上可以了解对商业合作伙伴的评价。

·商业保险行业可以查看www.brokingx.de网站。

·货运行业可以查看TimoCom.de网站，物流业查看lagerflaeche.de网站。

·此外，还有一些商业平台，比如，提供剩余货物、特殊项目以及破产物资的B2B-TradeCenter平台，关于意大利时尚和周边服务的italianmoda.com平台。

·大多数的网络平台在grosshandel-links.de网站上都有介绍。

营销智慧：融合造就了一切！

仅依靠招聘平台或者社交媒体的支持并不能让你走得很远。除非，你为网络数字化的企业工作，这种企业缺乏更好的和更具有说服力的沟通渠道。这只有在极少的情况下才会发生，大多数的情况是：销售——无论在当下还是在未来——都会在社交网络上进行，但是，也并不仅限于此。

对于很多顾客依然通行的方式是：线上浏览，线下购买。一项名为"线上搜索，线下购买"（Research Online Purchase Offline）的持续性调研项目证实了这一消费方式。56%的德国互联网用户在网络上查看和比对商家信息，然而，只有16%的用户在线上订购。40%的用户线上搜索，然后线下购买。（但是，用户在购买贵重物品时常常会想：先在零售商那里试用，再网上购买。）

尤其是，银行理财产品（65%）、电子产品（61%）和网络服务（60%），对于这些产品顾客都会预先在网络上搜索信息。另有43%的人在网上了解保险产品。顾客自己进行网络搜索：大约会浏览3到4个网站，提出最多9个搜索请求。

因此，营销智慧就是传统与新兴营销渠道的结合。在Web2.0上通过已有的销售策略有目的地组织活动和进行交流。用数字化世界中的新的可能性来补充传统营销方式中的不足。用各种方式与你的顾客沟通，给他们发送带有附加信息的邮件，要求他们成为你Facebook上的好友，在XING网站上发送带有特殊产品的新闻简报，利用抽奖游戏建立更多的渠道，在客户杂志、宣传页和个人网站上展示你在社交媒体上的产品和服务。

奥托公司（Otto）提供了一个很好的案例用以说明企业拥有了这种结合式的营销智慧能取得怎样的成功。某年的一次圣诞节活动吸引了上百万网络用户的加入。活动的理念是：把交换礼物作为互动式游戏——Web2.0上的神秘圣诞老人。于是，每一位注册的用户都得到了一个抽礼物的机会。接下来，神秘圣诞老人登场了！直到用户得到了自己心仪的礼物游戏为止，每天都会有一次新机会。如果运气不好或喜欢的礼物被别的顾客抽走，那么参与者也可以直接点击链接进入网店购买。或者，可以预先把产品列入圣诞节购买清单。顾客们积极参与这项活动，无论是在线下通过购物目录、宣传附录，还是线上通过Facebook和twitter网站。67%的顾客成功地继续推荐了此项活动。结果超乎所有人的想象，原本预期增加50%的定价总额，最终增加了225%。

与所有的保留条件相反的是，社交网络为B2B的营销模式也提供了一个补充性的销售渠道。例如，O2公司专门为商业客户建立了Facebook页面，他们可以在那里获取服务支持，最新的活动信息，还可以参加抽奖活动。"HP for small business"（惠普为小型企业提供的服务）也不质疑客户目标群，AT&T Small Business（美国电话电报公司为小型企业提供的服务）也一样。社交网络逐渐占领了商场——而且，并不仅仅通过XING这一个商业网站。

小结

24/7是指：

1. 你应当使用"新的沟通渠道"，如：XING.Facebook&Co.,更多地了解你的客户。

2. 积极地发起与顾客的交流——在顾客Facebook的信息栏（时间线）上留言。

3. 运用状态更新和企业信息这些新机会，引起顾客对产品的关注。

4. 你应当测试一下，新技术的投入（例如：扩充实境技术）是否对你的品牌和产品有意义。如果有意义，那么请你试一试!

5. 运用招聘平台实现营销成功。

重要的是：你不要把Web2.0理解为单行道式的交流。你不仅需要回答商业伙伴的问题，也要面对来自于他们的批评。不要放弃挑剔的顾客，你应当与他保持联系，倾听顾客的诉说，询问引起他不满和愤怒的具体原因。假如顾客看到你不假思索快速的回复后杳无音讯时，你需要反思自己的弱点，在下一次谈话时斟酌自己的用词。

销售中的具体策略：

1. 你要销售什么？你的顾客需要什么？

2. 你使用了哪些销售渠道——例如：在社交媒体渠道？在不久的未来，你想要运用哪些渠道？今天有什么渠道？明天会有什么新渠道？你如何将社交媒体与你的销售哲学结合起来?

　　3. 你想要用自己的理念和想法说服多少顾客呢? 你需要做什么辅助工作去实现?

顾客不单只买销售冠军的产品，他们还青睐有能力的、有好感的销售人员

在本章中你将读到，营销人员要具备哪些素质才能在顾客那里取得成功。靠的就是能力吗？还是因为那些自信、聪明、说话流利的员工，展现出的一种"独特的魅力"，所以顾客只买这些销售冠军的产品？根据营销智慧研究项目你可以了解到，是什么塑造了一名不断取得成功的销售人员。

顾客不单只买销售冠军的产品，他们还青睐有能力的、有好感的销售人员

　　一名成功的销售人员要具备哪些素质？他的专业方向，他对销售的追求？他想卖什么就卖什么，不管顾客的真正需求？基本上不可能，以前不是这样，现在也不是，用户3.0知道他们想要什么，他们很挑剔，不会什么都买。

了解、掌握、愿意

　　那这取决于什么呢？对于我来说，一次成功的销售需要三种能力：了解、掌握、愿意。这里的了解既包括对自己产品的了解，也包括对顾客的了解。掌握是指营销人员的能力。愿意表示他的意愿，也就是说，只有愿意，才会准备好将产品和顾客联系到一起，提高自己的能力，当然最重要的是其内心的态度。所有这三点你都将在本章读到。

尊重——营销的基础

　　顾客想要的是咨询，而非一味的赞美，他们想让自己的愿望、要求和想法受到认真对待，你应该把这些都放在眼里。没有人期待你赞同顾客的所有想法和价值观，要是你真这么做，会被人觉得靠不住，你会失去他人的信任和重视。且先不说你个人的价值观，就算是你的买卖也会受到负面影响。顾客期待的，或者说他们能期待的，就是尊重。你应该时刻保持对顾客的尊重，不管在何时何地遇到他们：不管是白天在办公室，博览会结束之后的派对还是晚上在私人场合，因为营销随时随地都会发生（详见之

前一章）。就像寻找商业伙伴一样，对方可能在第一次见面的前几秒中就会做出判断，是否对面前这个人有好感。可能根本就没有。这几秒钟对你的生意来说至关重要。

由好感决定！

"感觉好"决定最终的结果。

我们感觉有好感的人，是那些与我们"在一个波段上"、说"共同语言"的人。他们跟我们在同一个价值世界、能够联想起同样的熟悉的场景和语言。想得到好感是需要经历过相似的事情的。人们愿意同跟自己相似的人相处，愿意回到自己的圈子里——不管是私人的还是工作上的。这是市场研究所和RTS里格团队（RTS Rieger Team）的一项研究结果。他们主要研究了情感在B2B领域中扮演了什么样的角色。结果是：300名受访者中有54%的人表示，如果他们感觉不好，就不会再继续这笔交易了。31%的受访者相信自己在购买过程中的直觉。88%的人表示对卖家的信任比产品和价格本身更重要。39%的受访者认为，与工作人员顺利的交流对购买起重要作用。

没有人能够知道所有的事情，但你可以做许多事情来建立与顾客的联系，创造一个"共同的波段"、一个舒适的谈话氛围以及一个信任的基础，即使你的观点和价值观与顾客的不一样。这一点你不需要去刻意伪装。

当顾客产生了好感，当你把顾客置于情感层面而非物质层面，当顾客感觉到自己不仅仅是作为消费者，而且还是一个被认真对待的人时候，这会对你产生很大的帮助，让你获得好感并有利于你的成功，因为买卖从来不只是物质上的一个决定，而是涉及到人。没有人愿意去买一个他没有好感的销售人员的东西，没有获得好感的人也不会获得信任。

保持真实！

切记不要在顾客面前伪装自己。只想依靠外表博得他人欢喜的人在今天会很快败露，快的超乎想象。要是对商业伙伴的每一个表达、每一个建议都用"太棒了""好极了"或者"很好"来回应，那不会得到尊重，反而会受到嘲笑。如果你想把东西卖出去，那就需要顾客的尊重。要想让对方在接受咨询和之后决定购买时对你有足够的信任，那么尊重就是基础。

什么是真实？它是指真心、真诚和一致。一个真实的人是建立在坚信立场的基础上，他们在表达自己观点的时候做好了时不时得罪其他人的准备。这并不是要去赢得所有人的认可，而是要坚守自己的立场，不仅在销售过程中，在其他领域也一样。

时尚圈的例子

这并不容易，但也是行得通的，特别是当你试图让你的行为"迎合"方方面面的要求的时候。比如，以下几个生活场景：我需要一件新西服，所以去市中心了——我们仔细想一下：一件时尚的西服应该有双排纽扣，时髦修身，单色，朴实无华，体面。这件西服我需要搭配一件白色衬衣和一条笔直、当前比较流行的窄领带，这样穿起来更好看。挑选了一会儿之后我找到一件合适的，浅棕色加灯芯绒，再加一些天鹅绒。虽然这并不是我的风格，但为什么不试试新样式呢？虽然并不能完全符合我的要求，但我还是准备买了。我问了一下商店老板娘的意见，可是她并不赞同："安德烈亚斯，这就不是你了。你最好四周后再过来一趟，那时我们会进些更好的衣服。"我照做了，我又重新审视了一下我之前做出的决定。但我还是很高兴，因为我穿这件衣服感觉并不是真的很舒服，简直是相当不舒服！这位我认识了很久的老板娘是对的，在那一刻她选择了不去卖这件衣服，而是给了顾客中肯的建议。她很真实，她说了"不"，放弃了奉承。这样她就赢得了我的信任。

有的时候要保持真诚有多难，相信每一个处在成功压力下的人都清楚。你是销售总监，是企业与顾客之间联系的纽带，也是处在锤子和铁砧之间的员工。你的顾客期待你能考虑他们的需求，并给出相应的建议，给他们推荐和销售有意义和有用的产品。另一方面你承担着生产上的压力，竞争变得更加激烈，顾客更加挑剔，他们不再轻易地松动自己的钱袋子。这种情况下每笔订单都很重要，但并不是每笔订单都会帮你向前进。

一个优秀的营销人员需要具备哪些素质——从用户的角度

营销智慧项目也揭示了，正确地与人相处以及自我的态度对于营销人员的成功有多么重要。

摘自营销智慧研究项目├

关于销售人员的素质的部分结果

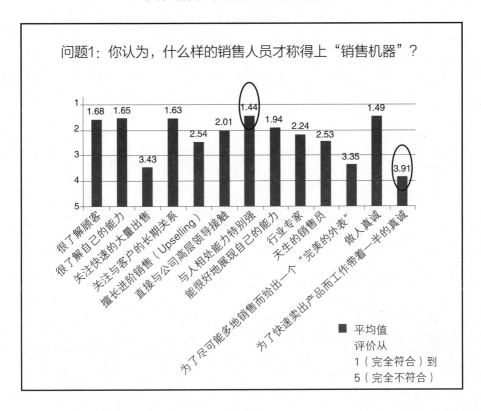

问题1：你认为，什么样的销售人员才称得上"销售机器"？

	平均值
	评价从 1（完全符合）到 5（完全不符合）

成功的销售人员能够很好地与人相处，做人真诚，追求与用户保持长期关系——这三个特征是"什么样的销售人员才称得上销售机器？"这一问题得票最多的答案。

另外"销售机器"还应该很了解他们的客户、自己的能力以及产品，并能很好地展示出来。

下面这部分结论能够进一步证实这一说法：

带着半真诚工作，希望取得更多销售业绩的销售人员，通常名声都不好。大部分受访者都只给这一特征5分，也就是"一个好的销售员不应该去做"，还有一部分人把这种行为看作是侮辱。

而另一个说法，销售人员为了更多的销售业绩而表现出一个"完美的外表"，也不受欢迎。大部分受访者给出了4分或5分，也就是拒绝这种素养。

创造共同的波段

有好感、建立信任、做真实的自己、不要虚情假意地工作——然后取得营销上的成功、获得销售业绩、建立与客户的长期联系：这现实吗？

要我说的话：现实。从我自己的经验来看，要想获得长期持续的成功，就要积极与顾客联系。当他们需要咨询的时候，当他们信任你的时候，当他们对你有好感的时候，以及当他们之前的咨询不错的时候。

这就取决于你和对方，取决于情感和事实的互动，取决于销售理由和销售展示，取决于你是否把你对产品的热情传递给了对方，因为一个消费决定是由多个不同的因素决定的：40%是好感和信任，30%是需求，20%是让人信服的展示，只有10%是销售的理由。

把性格分类当作工具助手

如何与顾客沟通，让顾客分享到你的热情？分类学可以帮助你认识到对方的性格结构，让自我介绍更符合个人和环境。

实战技巧：每个顾客都不一样

了解顾客类型早已不是仅仅认识你的客户，性格分类也不再是一种作为补充个人谈话和个人表达的辅助工具，而且符合个人类型的交流也不是万能的销售方法。但是它能帮助你找到一个更好的与客户沟通的渠道，不会让你卖出不合适的产品。

现在已经建立了不同的顾客分类方法，详细描述了人类的思考方式和行为方式，它能告诉你，对待什么样的人应该用什么样的语言模式，是什么样的动机（或购买动机）在驱使他们。它还告诉你，他们的情感重点在哪里，你怎么样才能最好地与他们搭起桥梁。

这里我们来看一下解释人类行为的Insights®-MDI模型，这个模型最早可以追溯到心理学家卡尔·荣格（Carl Gustav Jung），并以茱兰德·雅各比（Jolande Jacobis）和美国心理学家威廉·莫尔顿·马斯顿（William Moulton Marston）的理论为基础。我个人比较相信这个假说，因为它是用颜色分类来解释的——红色、黄色、绿色和蓝色。利用这些颜色他对消费者进行了评估。

背景资料：Insights® MDI

像其他模型一样，Insights® MDI模型也按照颜色分了四类，每种类型都有相应的特点：

红色类型：这些人属于统治型、外向、会提出要求，坚决、意志坚定，是物质和目标导向以及结果导向，这种人是风险偏好型、独裁且时刻保持主动。

黄色类型：积极主动、随和、快乐、开放、有说服力、能言善辩——这就是黄色类型的人。他们充满正能量，努力与他人建立良好的关系。

绿色类型：这类人更加内向、善解人意、有耐心。绿色类型的人比较可靠，属于安全导向，他们想和周围的人轻松生活协力工作。

蓝色类型：这类型的人谨慎、做事精确、认真，他们经常追问事情背后的信息，只浮于表面不是他们的风格。他们思考得很细致，比较内向，因此常给人距离感。

实际生活中当然还有很多混合的类型，没有一种类型只根植于某一种文化，所有类型的人都是如此。

根据类型做相应咨询

你的顾客是什么样的人，他属于哪种类型，这都需要你在他的行为、语言和肢体动作中去发现。但很少有人单单只符合红色、黄色、绿色或者蓝色的某一种类型，有无数多的混合类型。因此分类学只能给出一个大致的方向，而非成功的唯一诀窍。

那么把顾客分类对于你的营销有什么意义呢？你如何才能把这种知识运用到个人咨询和营销智慧咨询当中？我们每个人对不同的事物、不同的观点都会持开放或拒绝的态度。如果人们按照自己的类型做出相应改变，那么大家都能更好地理解各自的论点和结论。具体说来：你在与顾客的对话中要尽量创造这样一种形式，即把产品对于顾客的效用传递给顾客。

第四章
顾客不单只买销售冠军的产品，他们还青睐有能力的、有好感的销售人员

红色类型的顾客

* 红色类型想占主导

如果你碰到了一位红色顾客，那你就有了一位自信的交谈对象，他不甘于当第二名，而是要掌握话语主动权，控制谈话走向。他其实没有什么疑问，他知道产品的所有信息，因为他之前就已经了解过了。

他感兴趣的是产品效果和具体原因，你要用事实和实际情况说服他。你需要改进一下相应的信息，说些具体的内容，比如，预约时间的确切和清晰。你要让他掌握话语主动权，在适当的时候提出你的建议，这个建议他可能会不太了解而感到惊讶。最后你就了解了你的产品和客户，你知道了他想要什么，什么样的产品最能满足他的需求。

黄色类型的顾客

* 黄色类型寻找灵感

黄色类型顾客是远景导向、乐趣导向和灵感导向型，你能从他热衷于问个人问题这一点上很快察觉到这个现象：他想知道，这些奇妙的新产品到底是什么，这些产品未来是什么，这些效能和产品能给他带来什么。他对效果更感兴趣，而不是产品和服务的特征。他们不关心细节，如果细节太复杂，他们就会转身离开。你能看出这些顾客想要什么——即使并非百分之百地与事实相符，而只是追求一种和谐的氛围。

对待这种顾客你要更加开放，与他谈一谈情感层面的事情，把他带到自己的论点层面，多问问他的意见。站在顾客的角度审视一下你提供的东西是否真能够给顾客带来好处，因为他可能会很随意地说"是的"，并很激动。这会导致黄色用户被误导，做出一次不理智的选择。虽然这只有一

次，但之后他会感到失望，你与顾客的长期关系也就无法维持了。

绿色类型顾客

* 绿色类型需要安全

绿色类型也能从他的个人问题中察觉到，但他自己并不确定，比较内向，更愿意把话语主动权交给你。他社交能力较强，很友好、平易近人，但好像有点厌恶风险而倾向于安全，需要别人的咨询帮助。你千万不要逼着他做出决定，每一次逼迫都可能让他很快逃离你。

要想接近这一类型的顾客，就需要事实和情感双管齐下，他需要给自己的决定留一些回旋的余地，你要给他这样的自由空间，不要一下子把所有东西和盘托出。在结束阶段你也不要放弃去稍微控制一下谈话的机会。

蓝色顾客类型

* 蓝色类型需要信息

蓝色类型天生具有较强的分析能力，谈话中他们能很快切入重点，需要的是细节、数字和事实，以及证据。你与顾客的桥梁就是有逻辑的论点、可见的图样以及可视的论证。

你可以谈一谈竞争对手的产品，并与自己的产品做一下对比，优点和缺点你都要提到，这样顾客可以自己权衡。结束谈话的时候你要准备些详尽的纸质材料以供顾客之后阅读和回顾，在他做决定的时候给些帮助。

你是什么类型的销售者？

在与顾客交谈过程中最重要的是你面对顾客时的能力和行为。知道了

第四章
顾客不单只买销售冠军的产品，他们还青睐有能力的、有好感的销售人员

对方怎么出牌对你是有帮助的。但要想成功，你必须真实且诚实——不仅面对顾客而且面对自己时也应如此。所以你也应该问自己，你是属于哪种类型的。这为什么重要？很简单：这帮助你理解为什么你要去寻找你和顾客——而不是和其他人……相同的波段。只有当你知道了自己的动机和价值观，你才能独立地和其他人相处，才能在和顾客的交谈中了解自己的情感并积极投入，这样你才能积极掌控与顾客的交谈。你看一下自己属于哪种类型的销售者。

红色——主导类型的销售者

红色类型果断、意志坚定、有野心、目标导向，其传统形象是"自信的实干家"。作为红色类型，你知道自己想要什么。同样的，你的质疑也会对顾客造成影响：你的专业知识有时会吓退顾客，他们感觉你很耐心，比如，在倾听（也可能根本就没有倾听）或者寻找其他方案的时候。这两样都不是你的强项。那些重视人与人友好关系的顾客会觉得和你相处很困难。因此你要学着去倾听，谈话的时候带着问题，学会退让。

黄色——关系导向类型的销售者

如果你偏向黄色性格，那你的心情就像夏天里的晴天一样：你通常心情都很好，随和、热情、友好。这样的积极态度能让你很快与他人建立起情感上的联系，但是好感并不代表一切，友好的关系并不意味着能赢得客户。所以你还要在产品的展示上多下功夫，要多强调一下能给顾客带来的好处以及产品的优点，这样你才能更容易地赢得客户。

绿色——谨慎类型的销售者

在齐眉高度提供咨询——这就是人们对绿色销售者的形容。作为绿色类型的你十分脚踏实地，面对顾客表现出忠诚的态度，你给顾客讲解得很客观很详细，因此相对于成功的销售人员，你更是一个受欢迎的同事。这点能让你收获信任，但也有缺点，因为作为销售人员你在销售交谈中表现得过于谨慎，把主动权留给了顾客，自己并未做出什么决定。很重要的原因是你特别需要安全感，并且害怕改变，二者导致你经常错过一锤定音的机会。面对主动型的顾客你缺少执行力。因此你要自信一些，出击更主动些，许多消费者其实并没有具体的想法，他们想让别人给他们一个好的建议，他们也想被你的激情所感染，不过需要更多的热情和说服力。

蓝色——分析类型的销售者

严谨、客观、认真、准确——这是对蓝色类型的形容。如果你属于这一类型，那么你就是事实导向和任务导向型。你遵从这句箴言："先思考，然后试验，之后再次试验，再行动。"你的顾客相信你在给出建议前是经过深思熟虑的。这也符合顾客导向，但会导致决定能力较弱。所以你不要总是迷信事实饱满的分析，而要更多地把自己置身于顾客那边——顾客需要什么，希望得到什么。学会多给顾客一些实惠，用事实和好处来说服顾客。

活学活用

当你知道你自己是什么性格以及顾客是什么类型，你能从中得到什么？这能帮你得到很多东西：首先你能更加有效率地准备你和顾客的谈话，比如，强调事实，特别是对红色和蓝色类型的顾客。或者在面对黄色类型的顾客时，你之前先看一下他在脸谱网和XING上的信息，找一个闲谈的话题，另外在社交网络上你可以找到各种关于你的顾客属于哪种类型的提示信息。

个性化销售会让你更加成功

另一方面，了解对方的个性有助于你提供有针对性的服务，为你的客户寻找正确的产品，想办法做出一些改变。无论如何都要把产品销售出去的思想已经过时，而且还浪费时间。不要与一个极度需要安全感的客户谈论没有风险补贴的保险，也不要给一个很有创意的顾客提供毫无新意的解决方案。这两种销售对话很快将会过去，因为这种服务并未与顾客本身（在情感上）联系起来，也是因为对方会很快有种印象，他不是中心，营销本身才是。

用交流技巧促进顾客做出购买决定

人与人之间重要的沟通桥梁就是语言，因为思维、感情和语言是紧密联系的。这里不同的Insights类型扮演了重要角色，因为每种类型的人都使用不同的语言，每个人都感觉自己被某种范式所包围，自己被置于一个与决策相关的感觉境地里。通过语言你可以唤醒这种情感，激发想象力，并帮助消费者做出合适的决定。

实战技巧：把交流融入营销智慧中

有些交流技巧能帮你与顾客开展一场比较有深度的对话：

强调共性——特别是面对绿色类型的顾客

"作为曾经的足球运动员和未来的高尔夫球手，我们还是有很多共同点的。"

"我看，你也对……感兴趣。"

你将会发现，共同点可以创造一个有利的交流氛围。

交出决定权——面对绿色和蓝色类型的顾客很重要

"看你何时方便，可以告诉我们你是怎么看的。"

"我们大部分的客户都有足够的时间来仔细核对产品的优点。"

你在顾客面前表现出的是，决定都是他们自己做出的，这样顾客那边就会有一个比较正面的感觉。

先认识到积极的方面——面对红色和黄色类型的顾客

"你肯定已经有一个准确的想法，为什么值得选择我们的产品，对此我不需要再对你多说什么了。"

"你肯定清楚最后会得出什么样的结果。"

大脑一般不理解反对的话，因此你应该多一些正面的表达，这样你就可以在谈话中对你的产品多给出一些正面的结论，顾客也会更倾向于说"好的"。

创造社会认同——吸引黄色和绿色类型的顾客

"我们大部分的用户都是以……开始的，然后扩大/提高……"

"昨天刚有一位我们最优质的客户决定……"

这样你就唤醒了消费者同其他人的集体意识，尽管他自己完全没有意识到。

展望未来远景——说服所有类型的顾客

"你设想一下，若干年之后当你再回想起这个决定的时候会说什么？"

"当你在若干年后的今天回望过去，你会说：我这么做/我们这么决定真是太棒了。"

"我们俩都很好奇，这会对未来产生什么积极影响。"

从这些例子你可以看到，特定的表达对于唤起情感和情绪多么合适。

建立起效用范式——说服红色和蓝色类型的顾客

"你越早开始，最后得到的就会越多。"

"这个建议帮你省下了20%的钱，也就是说，你将获得X欧元或Y年的存款优惠。"

"时间因素带来最好的利息：你现在要是就开始建立自己的财富，那这对于你来说意味着，你相应的可以更早地获得这笔资金。"

传递积极的感觉——对于黄色和绿色类型的用户来说是很好的方法

"你先想象一下，这对于你的家庭来说是件多么大的好事。"

"你怎么看，这个决定能为你的未来带来多大的积极影响？"

"设想一下，我们今天就做这件事/现在就达成一致意见。你认为这会有多大的积极影响？"

准备礼物

"在我们今天讨论细节之前，我想先向你介绍一下这款新的计算器，这对你的计算很有帮助。"

"在我们今天准备对话的时候，我专门为你准备了以下这些东西……"

"小礼物包含着大友谊"——这不是套话，而是所有打算建立积极的谈话氛围的销售人员的指导原则。

"如果……，那么……"的对比

"如果你每周花费半天的时间，那么每月/每年就是X欧元；如果你每个月投入X欧元，那N年之后你就会获得Y欧元。"

给出一些负面的信息

"就在刚才我与一个跟我很熟的企业家交谈过，他可能马上就要决定买了。"

"每个在你这个位置上的人都会立刻做出决定。"

此时顾客会感觉被期待的前进方向"撞击"了一下，即使他本来是想好好慢慢地再看看这件产品，但却被拉到了一个相反的方向上（负面的信息）。

把感觉和语言结合起来，对购买决定产生决定性影响的还是我们的情感。

负面情绪比正面情绪更有影响

另外，负面情感在我们的大脑中的层级要高于正面情感，原因很有可能是我们把它等同于了危险。所以你试着不要把痛苦和生气的感觉传递给顾客。如果有负面情绪，那么不要有害怕的感觉，把个人情感抛在一边，关注一下你的语言上的选择和舒适谈话环境中的举止。主要的还是，增强心中的积极因素，这样负面情绪就会少一些。

运用所有感官

语言是会被感知的，但是它只是对话的一个层面，你只使用了一种感官——听觉。而人类（至少）有五个感官，它们对决策都会产生一部分影响，都会被触及到。你应该把这些感官都运用到来丰富你的表达。

背景知识 ├

利用所有感官赢得顾客——多感官市场营销

市场营销很早就已经发现了情感和多感官营销的重要性，人们会被不同的感官触及，而且：这不止有五种！因为比如温度感觉、疼痛感、平等感或者身体上的感觉这样的"心理感官"也会对顾客的决策产生影响。它们刺激了我们"内心的感受"，包括感知、感觉、意识、表达、体验、记忆和回忆。这些感官对我们的影响，我们每天都能感觉到：新鲜烤好的面包和新磨好的咖啡的香味让我们想到了咖啡，热红酒和雪让我们想到了滑雪的小屋，红色的草莓让人联想到甜美的味道。"你真的想放弃这美味吗？还有什么这么适合夏天，能带来快乐和轻松的感觉？花园里的草莓蛋糕，快乐的心情和笑容？当然不是！"

这个广告用不同的方法来形容这一感觉：清脆的饼干发出咔嚓声，咖啡香味从门缝进入卧室，樱桃敲响了夏天开始的钟声。

你刺激顾客这种感觉，给人一种舒适感，会让顾客更容易做出购买决定。

把销售形象化

比如你可以使用表格和图表进一步支持和证实你的说法，因为相对于口述，许多人更相信印刷版的信息。另一方面，如果你的论点在图表中或表格中呈现出来，会显得更好理解和更有逻辑，当然也更可信。这一点对于工程师和税务顾问来说尤其重要，习惯与数字打交道的人如果和对方用数字说话，会感觉像在熟悉自己的环境中。法律界人士更喜欢文字，有创造力的人更喜欢能够直接说明核心观点的图表和表格，经理和决策者更喜欢表格和数字，销售人员喜欢图片！

第四章
顾客不单只买销售冠军的产品，他们还青睐有能力的、有好感的销售人员

……还有很多

把数字填入表中，用手画出图表和示意图，把文件夹、小册子和平板电脑中的核心观点画上下划线强调一下，在iPad上展示图表和动画，全方位地触及顾客的各个感官：通过听觉、借助形象化方式、用手绘版图表，以及各种材料、音乐以及其他方面，也包括香味甚至直接品尝。

市场营销专家克里斯蒂安·基尔克（Christiane Gierke）和斯蒂芬（Stephan Nölke）写道："因为可确定的性质会不断传递一些额外信息，包括关于产品特质和质量的信息，关于价值和（可能的）价格，以及所有外在的感官感受，如视觉、听觉、嗅觉、味觉、触觉以及心理上的感觉，如气温的感觉、疼痛感、平衡觉（前庭觉，被神经科学家认为是起到传达以上五种感觉的作用）以及身体上的感觉（本体感受）。它们也刺激了我们"内在的感受"、感知和感受，意识和表达、经历、记忆、回忆和内省，就在这里整个体系会在一个最深层次和最无意识的层次被触及，现代市场营销、有着最前沿认知的神经科学研究（大脑研究）都涉及这些体系，十分有趣。"

你需要在可能的地方为顾客创造一个多重感官的营销体验世界，将其与你的产品和服务联系起来，利用"协作网络"加以支持。如基尔克和斯蒂芬所说，这里需要先确定品牌的特性如何通过多重感官营销来实现："我们的品牌看起来怎么样，给人什么样的感觉，问起来怎么样，尝起来怎么样，听起来怎么样？在实践中要考虑：什么颜色更显得产品新鲜，什么声音听起来让人有食欲，什么温度更舒适，什么气味更好？或者从其他的特点来看：什么样的鲜艳程度让人感到高兴，产品特性给人什么感觉，

表面上的成功是什么造成的，传统是什么，从远处听声音怎么样？"

触摸、闻、品尝

你当然也可以给顾客提供闻、触摸和品尝的机会。印刷媒体的纸质模板就可以起一定作用，而金融产品中可以给人触摸感觉的纸也扮演着重要的角色。设想一下，你的金融顾问给你介绍了一个数额很大的投资项目，比如，房地产，而你唯一能得到的有关信息就是白纸黑字的一张廉价纸，你会有什么反应？那么再设想一下，你拿到的是四彩的、印刷出来的很有分量的纸，或者还带有二维码和动画，比如，印有德国城市杜塞尔多夫的国王大道尽头丹尼尔·李博斯金（Daniel Libeskind）设计的"弧状"（Kö-Bogen）购物街，或者是一个将被用到房屋里的一套实实在在的工具箱。哪种形式能把信息和情感最好地联系起来呢？

如今几乎所有能想象到的材料都被运用起来了：新汽车的味道和海风，精美的各种花瓣或者清爽的森林空气，阳光沙滩到婴儿的味道——总会有恰当的气味激起顾客的感觉、大脑、正面的回忆或者快乐的场景，完成了从"有"到"愿意"购买的过程。

营销材料也可以成为味道的载体，比如一个清脆的广告信件。重要的是能够满足以下的特征：重量、外表特征、气温、平滑。"了解"字面上表示"理解"，因此要注意触觉和结构！给人结实、坚固和昂贵的感觉的产品，通常也比较贵。太蓬松和太松软的产品不会很高端。

总结：你可以利用简单的方法使自己的说法更加令人印象深刻。大脑研究人员已经证实，一条通过不同感知渠道同时传递给大脑的信息的被接受程度，比只使用一种感官刺激的方法高十倍。使用的感官越多，信息接受的程度越高。

感性先于理性

被超过五种的感官刺激和强化的理性让你更容易接近顾客，并帮助顾客做出购买决定，因为购买决定从来不是理性的。在这里也是感性先于理性。人是一种由感性支配的生物，只不过时不时地会被理性所打断。

在营销市场上实战的人很早就意识到的这个情况，如今大脑研究人员利用核磁共振成像也可以证明，当然这里我不会介绍枯燥的医学知识，我们还是来看一下实际情况吧。想象一下我们回到2009年的夏天，正值世界经济危机，联邦政府利用一个宏伟的计划把汽车上的民族变成了数字文盲，从今天到明天突然没人会计算了，而这只是因为"普通消费者"希望从国家得到点什么东西。

报废奖金的例子

那到底发生了什么呢？如果人们把使用9年以上的汽车拿去做报废处理，并再买一辆新车或二手车，国家发放2500欧元的奖金。这一措施的目的是拯救深陷危机的汽车行业。接下来支出立刻上升，数千辆车进了报废厂，有些还没到报废标准的、价值远超2500欧元的轿车也是如此。奇怪的是：汽车所有者明知如此还是要赶着去拿那奖金。

为什么呢？因为这样就可以免费拿到些东西，国家送的礼物。国家激活了民众大脑中的奖励系统，理智在此时已经消失了。"就是想要"就是当时的想法，尽管拿汽车换奖金并没什么赚头，更好的办法是等待：因为当时的工作职位还不稳定，价格在上涨，以及其他的原因。

为相关的事情买单

一些需要买新车的人买了一辆新轿车，这些人（提前意识到或者没意识到）打算买新车，是因为他们想买或者需要一辆新车。许多人把一个可能是2010年的购车计划提前了，他们并未再开一段时间的旧车，等几个月之后再买新车，而是立刻就去买了，以确保能够拿到奖金。另外有些潜在的买家动了一下脑子，知道今天还开着旧车，这些旧车可能不值2500欧元。

在这两种情况中，我们的脑子在几秒钟之内区分了重要信息和不重要的信息，做出了一个决定。而重要的影响因素是我们情感上的感受，让我们高兴的、激动的、好奇的以及让我们害怕的因素。如果是这些因素，那么我们的大脑将会接受这些信息 并继续处理，这些都是和情感相关的信息。那些让人感觉无聊的东西会被过滤掉。与情感相关的信息其实是花样无穷的，你可以试一下！想象有一杯小麦啤，你会看到什么图景？什么东西会让你和阿斯顿马丁跑车联系到一起？在沙滩上度假？一件Boss牌的西装？还是劳力士手表？

大脑——情感的开端

克里斯托夫·拉布德（Christoph Labude） 在他的《顾客到底如何做决定——利用心理学获得营销成功》一书中写到，情感的源泉在我们的大脑中，就在边缘系统中，这是我们大脑中一个古老但重要的部分。那里产生了潜意识，产生速度快于"有意识的"或者"理性的"决定。另外在我们的大脑中运行着3个程序控制着我们的情绪：平衡、支配和刺激。大脑研究专家汉斯-格奥尔格·豪赛尔（Hans-Georg Häusel）将这三个程序称为"边缘指导"。

边缘指导

平衡：这主要涉及安全、风险规避和追求和谐。为了稳定会避免改变，如果忽视了平衡系统，那么我们会陷入恐惧、害怕和慌张。要是我们给它太多空间，那我们也会妨碍了自己的行为，因为我们会变得谨小慎微。

支配：这个系统中的中心是权力欲和独裁欲。"要比别人做得好"，"扩大自己的权力"是最重要的事。如果我们倾向于支配，那么我们会变得骄傲和有优越感。要是刻意打压这种感受或者在实施过程中失败了，那后果就是不安、生气，有时候是愤怒。

刺激：创造性和随意性在这里起决定作用，目的是发现新东西，寻找变化和希望自己和别人不同。要是没有刺激那我们很有可能还生活在地狱当中，许多食物和生存空间还不会被发现。

除了这三个主要的系统，还有许多其他隶属于以上系统中的程序，有些是属于某两者之间的。根据汉斯-格奥尔格·豪赛尔（Hans-Georg Ha usel）教授等人的发现，还包括比如：责任和照顾模块、游戏模块、追逐和掠夺模块、斗争模块、食欲和厌恶模块以及性欲模块。这些从营销的角度看也很重要。我们来仔细看一下：

边缘模块

责任和照顾模块：主要是讲，人为了生存需要能给他们安全感的社会团体、家庭，这一模块与平衡系统关系紧密。对于市场营销和销售意味着：顾客在做决定的时候会受他们的"家庭"的影响，比如推荐式的营销和在Facebook上的"赞"按键在这里起很重要的作用。在同顾客聊天时可以谈及一些与该顾客在生活环境和价值观上相近的其他客户，讲一讲Y先生或者Z公司为什么选择这款产品。

游戏模块：游戏模块会让人对幸运游戏、技术类游戏或者其他游戏方式的小玩意产生兴趣，它属于刺激系统的一部分，对孩子影响很大，当然也包括其他的重点。在营销对话中你可以好好地"玩"一下这个模块：把你的热情传递给顾客，让顾客拿一下产品并且有可能的话试用一下。或者对于很精密珍贵的产品，在桌子上摆一个缩略版的模型。比如，一个迷你的蒸汽机会让顾客每天都想到你！

追逐和掠夺模块：有些人把银行卡和信用卡叫作"掠夺卡"。就是这些人会在购买季商场开门之前很早就到门口等着，开门之后就冲向打折区。在B2B领域这些顾客，喜欢便宜的商品，并且希望再便宜些。这样的话你就可以对这些顾客说：我们这件商品有超高的性价比，其他地方的价格更高，这只有短期会有折扣，并且保证，如果在其他商场看到价格更低的同种商品，顾客可以拿回差价。

斗争模块：关于对竞争是否有兴趣。营销谈话可能会演变成斗争的场所，当然是正面的意思，因为"敌人"不会是对话伙伴。你就只管把斗争放到市场上：对方想要比商场竞争者更强？你也有自己的"武器"，你就谈论一下产品、产品组成和相应的服务。

食欲和厌恶模块：这个模块阻止我们接受已经坏了的或者有害的食物。在购买决策时它会被移植到产品选择上：我们要选择一种产品，那么这种产品要让我们感觉舒服，比如，闻起来或者尝起来不错，颜色也让人感觉舒适。你在与顾客交谈的时候，可以拿产品和顾客身边的美好的东西对比一下。一辆车可以快得像捷豹一样，安静得像奔驰的引擎，对环境无污染就像帆船一样。

欲望模块：我们都想被人追求，所以我们购置不少商品——男人要跑车，女人要化妆品和衣服。但是我们并未意识到这些行为的原因是什么，因为它在我们的大脑中无意识的发生，像其他模块一样。尽管如此你还是可以积极运用这方面的知识，因为今天代表社会地位的标志是很重要的。然而代表社会地位的产品已经变了，因此你要在交谈的过程中帮助顾客找到这一"源泉"。给顾客介绍一下产品背后潜在的或已经包含的文化含义，有哪些顶尖人士、哪些知名企业和品牌正在使用这款产品。

所有这些程序和模块都发生在我们的潜意识当中，根据拉布德的说法，这些系统决定了我们50%到70%的行为，情绪的过滤要快于所有的理性抉择，并且是理性选择的前奏。但也并不是说，理性就完全被忽视。在有些情况下，外界信息经过（感性）评价后，再由理性进行处理。

从一开始就谈及情感

为什么我们要谈大脑研究？因为结果已经证实了我这么多年实践的认

识：要想很好地为顾客提供咨询服务，你必须能在感情层面与顾客交流。如果他对你有好感，那么你就和他在一个波段上。你无法把所有东西卖给每个人，不论你选择什么语言，在纸上什么数字或者画什么图表：年轻的父亲几乎不会去买一辆跑车，有创造力的艺术总监可能也会放弃购买旅行车的想法。

还有产品和性格

在你开始谈话前，先想一想什么东西适合你的客户，他需要什么产品？什么附加选项比较重要，什么比较多余？他生活在什么样的价值观和世界观的环境里？这里性格特点可以帮助你。你换个角度来看：试着给你的产品加上些人性特点，并加上合适的理由，之后在对话中可能会用到。

事前准备有多重要，顾客会多重视你是否认真对待，我们这里举个例子：一家跨国公司邀请我，与欧洲区经理商讨一下给公司领导做营销培训的事。不过会谈开始的时候，我就已经很生气了，原因不仅是对方的迟到，还有他不友好的行为——他进来的时候根本没看我一眼。他所有的装腔作势都表明：我就是老板，你找我干吗？当他把他的名片从桌子上扔过来的时候，我把名片装起来，故意挑衅地问到，我是否有必要把我的名片给他，他是不是已经知道我了？我问这个问题的目的很简单很实际：我之前已经把文件发给他了，也就是说，他应该像我一样提前做了准备。如果是这样，我就准备把名片给他。这一刻谈话内容变了，这出表演其实就是一个测试，他想知道，我是否会很尖刻地应对这类情况。在这一切解释清楚后，我们回到会谈的内容上。至今我们仍合作得很成功。

当然我会提前准备顾客的资料，当然之后的谈话的主题主要只有一个：顾客效用。这在训练的时候有点像计算器：没人关心内心独白是什么，但每个人都想把自己的效用最大化：快速且可靠的计算结果，或者说培训结果。都是要看结果的！这取决于：计算器是否设计得很小很时尚？是否有不管男性女性都喜欢的附加功能？是太阳能的吗？所有这些功能组成了他的"性格"，并与效用相关，而效用又会影响最终的购买决策。

这对所有产品都适用，包括鞋子、止汗剂或者灯泡，从这些产品的特征中就可以找出能给顾客带来的好处，当然这一切的前提是你对自己的产品十分了解并且能解释得准确清楚。培训的时候需要定期的重复训练才能够显出效果。好的效果通常需要重复上千次。

了解自己的顾客、产品和服务对于一个销售人员的重要性，在营销智慧研究项目中也有涉及。

顾客导向和结果导向不矛盾

曼海姆大学市场导向企业领导研究所也进行了很多有关与顾客联系时营销人员的行为的研究。研究人员问的一个主要问题是：是否排除顾客导向或结果导向行为？研究的结果显而易见：成功的营销人员把二者合二为一！他们在一定程度范围内同时估计自己企业的利益和顾客的利益，这样他们已经超越了顾客导向和结果导向。这意味着什么？"销售机器"为顾客提供最合适的产品，然后也让顾客在其他产品上赚取更高的差额。顾客的利益比自己的快速成功更重要。

摘自营销智慧研究项目卜

有关销售人员特质的部分结果

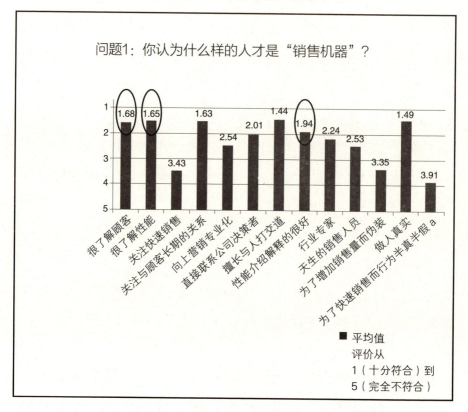

"很了解性能""很了解顾客"和"性能介绍解释的很好"这几项在营销智慧项目中得分分别是1.65、1.68和1.94，位列前十项优秀营销人员的特质中的第四到第六位。

第四章
顾客不单只买销售冠军的产品，他们还青睐有能力的、有好感的销售人员

]背景知识├

（再次）位于中心：顾客

战略咨询公司**KEYLENS** 管理咨询公司在其研究项目"顾客中心——通过顾客导向提高绩效"中发现，顾客对企业战略方向的影响很大。该项研究与不莱梅大学创新品牌管理教席合作，调查了管理和市场营销领域的200名企业领导。对于成功的顾客导向型营销，专家们给出了直接的建议：

1.建立和利用顾客知识

2.定义顾客战略：如何扩大单个的顾客领域？

3.公司内中央负责顾客战略的发展

4.顾客导向实施过程中，把员工和领导层连接起来

5.定期询问顾客战略和措施

来源：

➜ http://www.keylens.com/keylensde/presse/news-detailansicht/browse/3/article/keylens-customer-centricity-studie-gute-vorsaetze-fuers-neue-jahr-2011-wird-das-jahr-der-kun.html?tx_ttnews%5BbackPid%5D=88&cHash=47126a0d64a04ba81b43c3e48451c54b

另外，把顾客利益置于个人利益之上的销售人员比那些某一次达到销售目标，但总体上还是结果导向、并对顾客利益不太顾及的销售员工更成功。顾客知道，他们什么时候被认真对待，因为他们可以看出来，他们是被看作一个真正的人还是快点把钱花出去的没什么价值的人。他们在第一时间就能分辨出来一个普普通通的咨询和一个高质量的咨询，他们会感谢员工的优质的个人服务。另外，你要积极地为顾客提供咨询，不要去等着客户给你打电话，而是要在上一次咨询结束之后继续跟进。当你把产品拿

给顾客的时候，才是完全走上正轨。

必须要保持平衡

一个健康的结果导向型决不会对顾客关系造成负面影响，恰恰相反，顾客会觉得你追求结果是很合理的。你可以带着这一想法与顾客开展对话。你是否之前了解了顾客、他的需求和你的产品？你是否给顾客提供了咨询并且找到了最优的解决办法？如果你做得足够好，那么你不仅能得到结果，也能赢得顾客。

营销智慧项目的研究结果也证实了这一点。对于这个问题：采取什么措施使企业变成"顾客机器"，得票最多的答案就是顾客导向型（35%）。

绝望的寻找：有能力有好感的人

这对你意味着什么？对领导层，对营销主管，对营销员工意味着什么？用户3.0不仅只买销售冠军的产品，他们还光顾有好感的人的生意，因为他们相信这些人，他们很诚实，往往把顾客利益置于自己挣钱之上。这样的销售人员也可以完成销售目标，因为他们把顾客的利益放在眼里，顾客能够感觉的到，并会给予酬谢。这些销售人员邀请顾客来购物。

实战技巧：营销中的销售机器由以下方面组成：

销售机器……

……真实且诚实

第四章

顾客不单只买销售冠军的产品，他们还青睐有能力的、有好感的销售人员

……尊重顾客的要求和价值观

……认真倾听，找到顾客的真正需求

……提出目标明确的问题

……积极提供个性化的咨询服务

……既了解产品又了解顾客

……需求导向和事实导向的展示产品

……论述和行动都是以解决问题为目的

……寻求与顾客建立长期联系

……对于将顾客利益置于短期目标的行为表示怀疑

总结

对营销的具体建议：

1. 你要保持真实，没人会期待你与顾客会有同样的价值和信念。

2. 与顾客交谈要因人而异，提前准备好相应的销售材料，使用恰当的语言模式和论述方式，保持诚实，不要在销售对话中表现得半真半假。

3. 把你的产品加上感情，强调和顾客的相关性。

4. 提供给顾客的产品，要确实与他的需求或者个人特质相关，或者有帮助和有用处，这样可以避免你和顾客失望。

5. 把顾客导向置于结果导向之前，快速的成功不如与顾客的长期关系有价值。

第五章

营销必须更快地对大趋势做出反应

在本章中你将读到，大趋势如何影响我们的行为、消费模式和职场生涯，同时这些趋势还反过来影响自己。这将影响到整个社会、经济以及企业的竞争力，如果想明天还待在市场上，今天就必须了解、顾及并共同塑造这一趋势，这不仅仅在社会生活和企业中，更主要的是在营销中。

快鱼吃慢鱼

"不是大鱼吃小鱼，而是快鱼吃慢鱼。"这句俗语其实在掌控着世界。用创新性的产品对顾客新的需求和最新趋势做出快速反应，这一切都可能吗？要我说：是可能的。因为大部分趋势并非来的出人意料。恰恰相反，一个趋势最终就是一种发展的基本方向，它的范围覆盖一个较长的时间段，从统计学上可以察觉得到，也可从定性上描述出来。为了认识这一趋势，企业、动态追踪系统和市场营销的负责人员每天都要观察社会上和经济上的趋向。他们知道，意见和需求在什么地方改变，哪些最终会变成产品，而哪些又没有前途。增强现实技术并非从今天到明天的占领市场，由于智能手机的普及这一技术有机会在现实社会中实现应用的突破。现在发生的是几年前已经预见到的。约翰·奈斯比特（John Naisbitt）就曾预测到过，他25年前就曾写下一本畅销书《大趋势》，成为经济和社会领域趋势研究的开拓者。

大趋势——放眼未来

大趋势——是能影响经济和整个社会的远期进程，它影响我们的职场生涯和私人生活。为了了解有哪些大的趋势在影响我们，就要先思考一下当前的发展形势。未来学家和趋势研究者佩罗·米切克（Pero Mi′ci′c）博士、马蒂亚斯·霍尔茨（Matthias Horx）和彼得·克鲁斯（Peter Kruse）推测了未来10年、15年的发展情况，并告诉我们需要考虑些什么，这也正是奈斯比特做的，而且他做出了许多正确的预测。

影响我们未来的20个大趋势

自从有了人类，就有了预测未来的愿望。占卜和神谕过去很受国王的喜爱，几十年来占星术也很受欢迎，经济学家们一年又一年的试图预测德国经济要走向何方。由于全球化，产品和技术的变革周期变得更短，另外也由于对失业和贫困的恐惧越来越多，对知识和安全感的期望现在更加强烈。

企业也更想知道驶往何处，明天和后天哪些产品和服务更受欢迎，与此同样感兴趣的就是大趋势。Z_punkt咨询公司列出了未来几年最重要的20大趋势，其中有一些我们已经了解，比如进一步的个人化，它已经出现在了大众市场和微观市场上。还有一个是经济逐渐发展成为参与型经济，用户3.0使用互联网参与新产品的制作。

背景资料 ⊢

大趋势——经济和社会如此发展

未来几年哪些趋势会影响我们？Z_punkt咨询公司列出了以下20个大趋势：

1. 人口结构的变化：欧洲人口老龄化、人口数量下降。与此同时在发展中国家将出现出生潮。这将导致移民潮的加剧和人口结构扭曲。

2. 进一步的个人化：个人主义将成为世界性现象，人际关系将发生改变，人与人之间关系不再紧密，而是维持许多松散的关系，经济将从大众市场发展成为微观市场，自给自足和参与经济将变得更加重要。

3. 更加健康：人们的健康意识提高，为自己的福祉担起责任。除了医疗市场，将会出现另一种市场，在这里生活方式、美丽和健康将融为一体。

4. 女性地位更进一步：女性对产品和服务的要求将进一步提高，她们的"软技能"不会再被经济圈所忽视，工作和生活的平衡将更加重要。厂家会开发出更多的符合男性和女性情感、交流、具有创新性和参与感的品牌——所谓的有人情味的品牌。

5. 文化多样性：显而易见在现代和传统之间有多重生活方式，全球各种价值体系相互竞争，从而出现了相互混合的文化。

6. 新的移动模式：全球的移动性将会提高，但也会遇到越来越多的出行障碍，人们会继续扩建交通基础设施、制造新的企业和开发新的驱动技术。

7. 数字生活：Web 2.0将会进入日常生活，使真实世界和虚拟世界的边界变得更加模糊，新的商业世界将会出现。

8. 向自然界学习：新的科学前沿是生物学，仿生学和集体智慧将会出现复兴，这会产生新的社会组织形式。

9. 无处不在的智慧：IT革命会继续进行，技术设施会相互连接到一起，我们的生活会变得更容易，神经科学、人工智能和机器人技术的重要性增加，社会会变得更加透明，监听和监视将会增多。

10. 技术的融合：信息技术和纳米技术将推动融合，它们将被应用到多个领域，比如医学、能源领域或者新材料的开发。

11. 全球化2.0：将会出现全球性的中产阶级，资本全球流动更加频繁，企业在执行全球战略的同时，也会兼顾地区和当地的需求，亚洲将和西方一样扮演新的角色。

12. 知识为基础的经济：创新将成为推动创新的中坚力量，知识和学习将成为社会和个人的基础，这将塑造出新的全球化的知识精英。

13. 商业生态系统：知识和创新将会推动经济，顾客的融合以及合作式的竞争将会构建新的价值链条。产业、市场和企业间的界限将会变得模糊，在它们交接的地方将出现新的市场。

14. 劳动市场的变化：生产以及服务和知识领域的自动化增强，灵活和交互式的工作结构促进了不受工作地点和时间束缚的工作的变化。

15. 新的消费模式：第三世界将会变得富裕，奢侈品将会大规模进入中国、印度和俄罗斯。符合道德伦理的消费和颜色及材料与环境相协调的产品将在西方受到欢迎。

16. 能源和资源的反转：化石燃料将和清洁水、金属以及矿物质一样稀缺，因此使用可替代、可持续的能源以及可再生资源变得更加重要。能源效率革命将会出现，能源供给更加分散。

17. 气候变化和环境污染：全球继续变暖，新兴国家和发展中国家越来越多地要和环境问题作斗争，对清洁能源的需求增加，企业要做好准备为自己经济行为造成的生态后果负责任。

18. 城镇化：新的居住、生活和参与方式将会出现，基础设施要适应巨型城市的需要。

19. 新的国际政治秩序：当西方的民主产生越来越多的危机的时候，印度和中国有机会成为世界强国，俄罗斯将迎来复兴，非洲将迎来一场经济和政治的觉醒。

20. 全球性的安全威胁增加：没有硝烟的文化冲突、失败的国家、全球恐怖主义和大规模杀伤性武器的扩散将成为全球性的威胁。

第五章
营销必须更快地对大趋势做出反应

趋势之间相互影响相互推动

这些趋势锯齿般相互联系在一起，任何一个趋势都不可能脱离其他趋势独立发展，它们之间相互补充，共同前进。如果没有技术的联系（大趋势"无处不在的智慧"）和数字生活的出现（大趋势7），那么由于灵活的就业结构导致的劳动市场的变化（大趋势14）是无法想象的。

以前人们必须坐到办公室才能与同事和顾客交流，现在要实现这些已经不取决于在哪里工作了，手机的出现让这一切成为可能。办公室的电话可以转接到当时有公文包那么大的手机上，员工工作更加灵活，比如，可以在去开会的路上等一个重要的电话，再之后可以在路上查收邮件，在火车上也能用笔记本电脑上网。

当然现在这一切已经变得很常见，出差旅途中也是工作时间，同事和客户在路上也能被联系到。现在做出回复比10年前更快，文件都是用邮件发送而非信件，在办公室的时间更加灵活，如果需要可以在家工作。工作时间和业余时间的界限不再明显。这种变化就要求重新思考已有的规则。现在出现了一种自我领导和管理的培训领域，微软在德国甚至还引入了"信任工作时间"，每个人先决定自己什么时候、在哪里工作多长时间，这一结果将成为下一步公司措施的基础。

有很多变化的例子。你想一下社会的女性化以及一些也考虑到男性情感、交流、创新的产品及品牌，买这些产品的人多是出于情感上的原因，愿意尝试新鲜事物，希望自己看起来更加健康、矫健、有吸引力，比如说那些男性保健产品，包括针对灰色鬓角的染发剂。根据VKE化妆品协会的调查，六分之一的男性使用过抗衰老产品。从营销的角度看这是一个有趣的现象：

男性也买保健产品和化妆品。这些化妆品顾客对化妆品普遍有好感，并且对有香味和能止汗的新产品持开放态度。该协会的结论是：男性化妆品消费者发现了"更好的衰老"、更加美丽健康地变老的好处。

企业的新目标群体

大趋势改变了通往成功道路上的故事。在我们上面的例子中，那些男性化妆品消费者并不是急着去某个地方买东西，他们只是想得到关于化妆品的情感上的交流，他们想让别人给他们提供咨询意见，这样他们会觉得高兴，感觉良好。他们通常只去固定的化妆品店，到那直接"拿"货品，以此获得快感。

背景知识 ⊢

用户3.0——新的目标群体和利益群体

原则上营销中的目标群体是指涉及营销活动的所有全体法人和自然人，传统上（Gabler 经济词典）可以按一下标准把他们进行分类：

·社会人口角度（年龄、收入、教育程度、性别、出生地等）

·行为方面（定期使用的客户、原始客户、第一次购买者等）

·心理学角度（比如性格诊断方面的Insights MDI，或者按照更为简单的标准，比如安全取向—风险偏好、创新意识—墨守成规、果断—犹豫、充满活力、柔弱，等等）

可获得的角度（我们的目标客户最经常最深入地使用哪种媒介？）

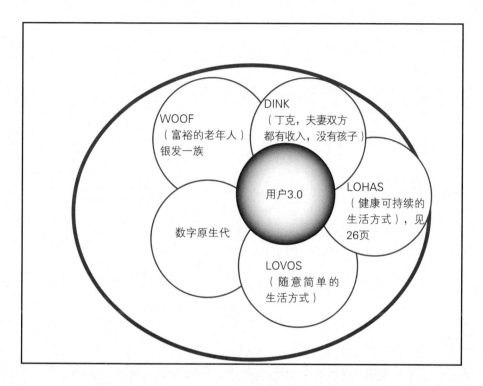

这些观察角度是动态的，不断地会有新的目标群体或者利益群体加入。利益群体的含义超过以上描述的范围，涉及某个确定话题、一个事件、社会学的、精神上的、世界观的、有创意的想法，符合这个想法的就是可以接受营销的群体，也符合用户3.0的含义。

那么，对这种发展趋势的认识如何从营销智慧的方面实现呢？如何才能利用人口结构的变化让营销取得成功？我们来仔细看看这一趋势：欧洲人会越来越老，同时出生率下降，未来越来越少的人需要养活越来越多的人。而发展中国家又是一副完全不同的景象：那里出现了持续性的生育高峰，那里的人忍受着饥饿，所以——未来的景象是——他们会去更发达的国家寻找幸福，这就会导致一浪又一浪的移民潮，受到冲击的不仅仅是老人和小孩，还有不同发展程度的文化交织在一起，人口结构的扭曲不可避免。

想想现状

这对于营销意味着什么？老年人目标群体增长。总的来说还好吧，不是，总体上说没什么意义，因为现在专注于生产假牙清洁剂、上下楼电梯椅和助步车的人，也不一定能预测到未来的变化。如今50岁以上的人也在变化，他们身手会更加灵敏、活的时间更长、更加健康，他们想更多的参与到（工作）生活中。这些人感觉并把自己看的年轻，比50岁还年轻几十岁，由于新技术的出现以及一些根据他们的个人需求量身打造的产品，他们生活得更加舒适也更加丰富多彩。用户3.0就是老年人吗？是的，有时候是老年人，因为用户3.0并非只是说年轻人，我们不要把用户3.0和数字原生代搞混，我们身边不断增长的老龄人群也是我们盈利的机会。成功的企业会问自己，60岁～90岁一代的人明天会如何生活，这会受其他大趋势的什么影响，如何与新出现的一代交流，这一代人不同于我们的祖辈和父辈，他们更多地在网上购物，在论坛上交流，把退休生活变成积极向上的非退休生活。

老年人的社交媒体

想法就是这样，产品也在那里。你如何把这些传递给人们？通过信件？通过广告？如果传递给60岁～90岁的一代人？今天和明天各有什么办法？这个时候就要和传统的习惯说再见了。奶奶们不会在钟爱那种假牙和电梯椅广告比文章内容还多的小册子，她们经常收到邮局的顾客咨询人员寄来的所谓的"个人信件"，里面在生日的时候附加着10欧元优惠券或者喝咖啡的邀请，这种方式她们也不再喜欢，电热毯她们也足够多了。她们已经厌倦了传统的销售方式，"奶奶3.0"也期待着新的营销方法。

老年人上网

我的岳母乌塔（Ute）也是如此，她已经74岁了，几乎每天都"在线"，她最喜欢的网站是谷歌。"我虽然知道不少东西，但并不是所有东西都了解，当我想知道下一次文化旅行去哪里时，我就通过谷歌搜索博客，上面可以找到对我重要的信息，"她上周对我说，"如果找到我感兴趣的，我就会点进去加深我对这方面的了解，她在电话中说到。她这是用手机给我打来的。另外，乌塔除了看法兰克福汇报，还通过网络了解政治经济信息，跟踪关于维基解密、核能和汉内洛蕾·克拉夫特（译者注：Hannelore Kraft，德国女政治家，德国社会民主党北威州领导人）的讨论，她在亚马逊购物网站上从一个读产品评论的人变成了一个写评论的人。另外，她还网上聊天！天哪，乌塔！

在互联网上、在社交网络上，乌塔也想与人交流。根据《世界报》2010年秋天的报道，仅仅在脸谱网上，全德国就有12万年龄大于50岁的用户。这是一个可以并且应该被开发的市场，这也不会影响年轻一代，因为现在的广告已经细分为针对不同目标群体，年轻人是不会看针对乌塔和她的老年朋友们的广告的。

老年人也有属于自己的社交网站，比如Feierabend.de，这个网站截止到2010年12月在德国市场上有16万用户，银发一族的网络用户在面对互联网时不会再害羞，另外Feierabend.de还属于为数不多的能够盈利的网站，而且早在2001年它就已经实现盈利，因为有公司已经看准这个商机，在网站上打广告，或者发布一些文章。Feierabend.de的用户是很受广告商欢迎的一群消费者，他们受过良好教育，有高于国民平均水平的高收入。

大趋势的利用者和塑造者：领导者

我们再看看另外一个有吸引力的目标群体：领导者。他们不仅受大趋势的影响，而且在日常的决策中也会塑造趋势。过去几年他们的生活变得异常繁杂，他们必须与时代同步，同时又想走在时代的前列。他们要在更短的时间内满足越来越多的要求，在无法确认所有事实的情况下快速做出决策，尽管如此他们在这里还要保持沉稳，冷静的大脑和炙热的心灵！

大趋势会影响到他们以往每天单调的生活，决策者和经理们不用在每天9点到19点黏在办公桌前了，相反他们在开会的时候可以查收邮件，他们在飞往香港的途中可以用智能手机发送信息，他们通过邮件、短信和网上聊天交流，利用XING、LinkedIn和脸谱网建立自己的网络，发送推特上的信息。对于亚洲的商业伙伴来说，他们也并不遥远，近的就像在走廊另一头的同事一样。

他们是大趋势活跃的一份子：数字生活、商业生态体系和劳动结构的变化，同时他们也共同塑造这些趋势，日复一日推动它们向前进。

如果你准备好拥抱大趋势，利用大趋势为顾客提供服务，那你就有机会开发新的面向顾客群体的产品，并将产品带给用户3.0，借此策略你将获得长期的成功。

对于产品和营销的大趋势

我们仔细看一下大趋势3——更加健康。首先这不会太让人惊讶，随着人均寿命的提高和更加积极的生活，人们的健康意识也在提高，此时顾客要更多地为自己的健康情况负责，他们愿意为未来投资，不过方式各异。他们去拥有现代健身器材的健身房有目标地训练，或者专门买用于健身的电子游戏，这样就可以自己或者和朋友家人在家锻炼。他们穿着带高科技应用的智能运动鞋，彪马和阿迪达斯都开发过这种产品，目的就是根据每个人的能力定制个性化的训练项目。

食品的例子

用户3.0购买功能性食品——富含维他命和矿物质的食品——让自己感觉自己吃的很健康。他们喜欢新食品，包括那些在欧洲还不被人熟知的外国水果和食物以及专为运动员设计的电解质饮料。所有这些都是对他们自己和他们的身体有好处的东西，为的就是能够尽可能地保持健康和精力充沛。

这些例子证明，由于这两个趋势的交叉（人口结构的变化和人们更加健康）又出现了哪些新的融合的市场。这些市场很多：比如特别针对60/90岁年龄段老人的美容院或者植入物。例如世界上最常见的导致失明的疾病青光眼，迄今为止要治疗青光眼需要昂贵的多阶段治疗。现在已经研发出了管状网型支架，它能够支撑器官壁和人造晶状体，为治疗疾病打开了新的路子。

除了B2C、B2B市场也能从中获益，比如这个领域中医疗设备比以前水平提高。这里趋势10——技术的融合——也很重要，因为新的医疗设备需要来自其他领域的技术支持，比如纳米技术。

机器人技术的例子

仿生学也提供了无限的可能，比如机器人的胳膊就是模仿大象鼻子的。为什么呢？大象鼻子很灵活，但又很有力气，抓东西有触感而且很准确。新的且灵活的机器人胳膊的好处就是，它能感觉到自己是否碰到了人或者把东西按紧了。机器人可以被安放在工厂、家里或者养老院，也就是缺少劳动力的地方。

背景知识 ├

动物界的启发——运用仿生学

除了大象的鼻子，《经济周刊》还列举其他来自仿生学的例子，比如以下一些新产品：

太空车的原型——蜘蛛：Tabacha这种蜘蛛被柏林的仿生学教授Ingo Rechenberg当作太空车的原型，第一台太空车已经研发出来。

能自动清理的表面的原型——荷叶：我们很早就知道蜡晶体的作用，而荷叶的作用可以被用到更多的产品上，比如汽车、房屋表面、餐具、瓷砖或者玻璃板。

第五章
营销必须更快地对大趋势做出反应

贴纸的原型——壁虎的爪子：即使是在湿润的玻璃层表面壁虎也能仅仅抓住往上爬，这是因为壁虎爪子底部的薄片层有数十万根细微的毛发，这一特点使得壁虎这种灵巧的动物成为工业产品的原型，比如，极黏的贴纸、医用胶带和能垂直上墙的机器人，这些产品即将投放市场。

砂鱼蜥启发了太阳能产业：太阳能光板通常是放在暖和的地方，比如在沙漠里，但是沙子又会落到光滑的太阳能板表面，影响效率。现在研究人员发现，砂鱼蜥的鳞上有极其细小的横向沟槽，当它们钻入到沙子里的时候，沟槽就起了刷子的作用。结果就是，它们的皮肤比抛光的钢材还光滑。受其启发工业界开发了沟状箔，现在正处于测试阶段。

甲壳虫启发了火警报警器：黑色的甲壳虫是属于对高温特别敏感的昆虫，它能感受到80公里开外的火源，并很主动地去寻找失火地点，把自己的卵产到干燥的木头上。之所以甲壳虫能"发现"火源，是因为它有能发现热量源的传感器。因此甲壳虫就成为了火警报警器理想的样板，这种报警器能比传统报警器更加快速地预警，在刚冒烟的时候就能做出反应。

老鼠启发了攀登机器人：狡猾的老鼠之所以能出现在全世界各个地方，主要是因为它们的攀岩技术，不管是水管光滑的表面还是其它杂耍般的挑战都无法阻止老鼠。这项技能现在用到了攀登机器人上，这些机器人的动作就是模仿老鼠的，它们可以被用来检查和维修电缆和下水道。

你可以看到，有无数多的例子可以说明大趋势是如何运用在产品和服务上并帮助其盈利的。同样的也能为你带来盈利。当你把所有这些都放到一起——老龄化、老龄目标群体的增加、健康市场的繁荣和技术融合的加速，你会发现有许多出乎意料的可能性，帮助你的产品开发取得成功，还也许能找到新的定位。

交通工具的例子

如趋势18所言，大型城市的快速扩张带来新的居住、生活和参与方式，需要能够符合当前生活方式的新的供给和产品，为人类在新的活动中提供帮助，比如更好的短途交通。宝马开发了一款零排放的电动"大型城市汽车"，2013年将会投放到市场。随着城市的扩张，传统的内燃机汽车可能就不会再有市场了。

金融的例子

金融领域也会出现新的产品。人类面临老龄化，但同时又想保持健康、有吸引力和精力充沛，这都需要钱，而这些早都不是医疗保险公司能囊括的范围，这样就出现了一个附加保险市场。另外老年人对金融的需求增加，然而这却无法满足更长的工作时间的要求。最近，趁着世界杯足球赛前后的时机，时任德国劳动部长的明特费林将退休年龄延长到67岁。到今天已经明白67岁还不够，延长到69岁的传闻不时见诸报端。世界杯这种能造成举国欢腾的活动未来几十年可能不会再来到德国，因此需要新的灵活的且可持续的投资方式，这种投资要符合人们的价值观和目标、以及追求一个无忧无虑的老年生活的向往。

实战建议├

人口结构变化的大趋势是机遇

1.你的哪些产品能帮助消费者更长久地保持活力和健康，以及灵活行动？

2.这些产品如何适应未来的要求？

3.你能助推哪些大趋势？你想一下IT或者其他领域的新发展，等等。

4.你的顾客能在未来发展方面对你提供哪些支持？你能在哪里获得顾客的知识、愿望和想法来使你的产品更加未来发展、更加个性化、更令人激动人心？你能与哪些顾客交流或者在社交媒体平台上联系，来发展受欢迎的新时代产品？

5.在哪个领域同竞争者合作？比如开发新的技术和创新性产品？在哪些领域与竞争者共同执行研究项目？

劳动市场在变化

越来越少的员工要解决越来越复杂的问题，这就导致年龄比较大的人会获得新的机会，员工要承担更多的责任，而不是一味躲在同事或者上级的身后，因此他们需要企业家的思维和行动。项目团队会聚到一起共同解决特别的问题，然后分散开来再形成新的团队，根据任务需要哪些专业知识，这些团队混合了公司不同部门的不同员工。

这种方式对公司的需求产生了很具体的影响，对便携式电脑的需求有了提高，员工需要更经常地与其他人联网工作，也包括外部的服务商和专家也需要网上联系，因此公司的IT部门要提供一个尽可能简单且速度快的网络连接，同时要有一套相应的网络和软件安全解决方式，因为在这种协同工作中，并不是每位项目参与者、或者项目以外的人都有权限阅读、编辑甚至修改文件的。

网络的挑战

为了适应新的生活方式和新的劳动结构，办公室工作必须能"适应手提包"，也就是便携，办公室空间要可以适合一个团队的规模大小，公司电话直拨必须能够随时随地联系到员工，不管他们是在办公室还是在家里办公，或者在路上！在如此灵活的办公环境下我们不仅要问，那现在谁还待在什么样的办公室？什么样的团队由什么样的成员组成？谁在出差，谁在家里办公？今天可以联系到谁？通过什么方式？为了应对这些挑战就需要智能产品出现。

新挑战——新机遇

这样的新要求给新产品和新服务提供了无限的机会，我们要注意一下用户的新变化，你是否已经为这些新挑战找到合适的解决办法？你是否预先开发了用户一两年之后需要的产品？你要早点告诉他们！这样他们今天就能在做出购买决定时用上这些知识。

另一方面交流方式也在改变。你要在顾客停留的地方和他们交流，在网上、在会面的地方、在他们的办公室里，线下抑或线上，你要使用更好的交流渠道与顾客沟通。你可以使用互联网平台，而且应该积极地成为网络的一部分，给他们展示你的产品和服务如何能使他们的工作更简单便捷，如何提高他们的销售业绩、让他们更加成功，如何在他们的日常生活中提供帮助。所有的这些都是正确的而且不错的，但也并不新鲜。

智能产品和智能服务受到欢迎

    大趋势影响所有经济领域和社会领域，产品将只生产一件，这唯一一件产品可以是按照个人要求定制的汽车，根据个人量身定制的企业软件或者带有自己名字的自己设计的跑鞋。这就要求整个价值链都要改变以前的思维。真的是每一个行业都面临将当前发展趋势的影响与自己的企业和营销方式结合起来的任务。现在最多只是在趋势和融合的影响程度上有所不同，而大趋势对各自商业活动是否有影响已经是毫无疑问的了。

物流业的例子

    从物流业可以看到企业面临什么样的挑战。尽管物流业保证了我们每天的日常供给，但这却是一个不被德国人喜欢的行业。作为横向产业，物流业受大趋势的影响颇为明显，我们来看一下都有哪些挑战：随着全球化趋势的加速，各种产品将在不同国家组装和制造：汽车、CD机或者机器人的组件来自不同国家，这些部件必须在某个时间运送到某个特定的地点，然后在那里组装成一件产品，抑或者是半成品，然后再被运走。

    根据不同的要求货品会通过公路、铁路、飞机或轮船运输，以上提到的三个大趋势在这里扮演重要角色：第一是交通工具的增加，这会导致城市内外的交通流量提高。第二是气候变化和环境污染，由于粉尘污染城市内会设立环保区，汽车会被禁行。第三全球安全威胁的提高，尽管我们的安全防护水平在提高，然而单单是2010年，在欧洲我们就经历了大规模的电脑病毒的侵袭，如蠕虫病毒，武装冲突泛滥，以及包裹炸弹谋杀事件。

几年前物流公司就已经做好准备迎接挑战，它们试验了市区内的新的投递方式来减轻交通压力，与汽车制造商合作开发了环保的斯宾特汽车，这种车燃烧天然气，即使在粉尘含量很高的城市也可以驾驶。物流行业积极行动，以图未来仍能在商业上取得成功，因为没有什么比货物无法送达更让物流公司恼怒的了。

正是由于这些趋势，物流业正在改变他们的营销方式。在复杂的项目上人工咨询变得更加重要，咨询的重点也从性价比变为了保证安全、数据保护以及尽可能环保的运输。私人客户在寄送包裹的时候将会使用"绿色产品"，他们寄的东西以及寄给孙子辈的圣诞包裹将会用很环保的方式寄到目的地。

保险业的新机遇

新的变化也对企业的风险管理提出了新的要求，人们需要新的保险方式，比如针对在自家土地上的环境破坏，或者在运输途中为物流公司提供担保，或者针对快递和信件没有及时送达的情况，因为由于紧急安全考虑某些特定的国家可能不允许货运飞机驶入。这时就需要保险公司开发与之相适应的产品，比如环境责任险或者针对业务中断的保险。

不过难题是，这个过程会越来越复杂，想在这个市场上立足的企业，需要了解行业及顾客要求的营销员工，他们能够分析已有的条款，不仅能填补上保险方面的漏洞，也能解决由新规定造成的问题。

大趋势在私人客户领域也为保险从业者和金融分析师提供了新的机会，比如，应对风灾、水灾（如洪水）对个人住宅造成的金融风险的基础保险会越来越重要。

另外一个领域是养老。人都会慢慢变老，年轻人和工作的人都会越来越少，也就是说交养老保险的人会越来越少。而要养老的人越来越多，这项支出不会增加。如果父母健在的时候孩子就已经退休，那么这项支出更不能增加。现在的60岁到90岁的一代人需要一种能帮助他们防老的产品，比如除去国家退休金的额外退休金。他们需要灵活地人寿保险，可以根据生活状况选择一次性偿还或者分月偿还，这就能够灵活的适应不同的生活条件。这些人需要理解他们的咨询顾问，因此那些年轻的、每天把笑容挂在脸上的成功员工只有能够理解老年人群体，能够感同身受，才可能在这些顾客那里获得成功营销的机会。有生活经验的年龄比较大的顾问，几年前就已经经历过类似的挑战，因此会更受欢迎。

不确定的工作关系带来的挑战

需要这种新产品的用户一般是那些没有交养老保险的人，或者交的很少难以承担之后的生活的人，我们之前的几代人的职场生涯更加灵活。比如说弗兰茨J.（Franz J.），他之前在大学学了很长时间的建筑专业，之后在他教授手下当学生助理。之后他在35岁的时候找到了一个建筑事务所的工作，在那里当给同事提供支持的计算机管理员，不过他的合同都是一次一次签的有期限的，直到公司开始走下坡路。三年后他失业了。弗兰茨J.试着自己开公司，不过失败破产了。接着他在45岁的时候又回到了职场。现在他的工作不是很理想。

另外一个例子，乌拉M.（Ulla M.）之前接受了美容师培训，在这次培训中她了解到了每一个系列的产品都有哪些优点和缺点。当这些知识已经无法满足她的时候，她开始去上学进修，并自己筹措资金，为了养活自己她还兼职了一份工作。就这样她把学业完成了，然而之后没有公司想要她。她先后在呼叫中心工作了一段时间，又去了几家公司的销售部门，之后还是失业了，然后怀孕，这时她已经快40岁了。43岁的时候她又有了一份新的工作，刚开始是有期限的合同，养老保险还没着落，她当然还想工作，也许至少再干15年，也可能20年，她想利用这段时间把失去的都补回来，挣一些养老的钱，免得以后为未来担心。

这两位都是自己设计了自己的人生道路，利用了更加灵活的就业市场这一趋势，他们的路都没有什么范式可寻，这里没有标准的养老方式，需要的是个性的、可变的产品，营销人员也要做好准备迎接特殊的挑战，为相应的顾客群体提供咨询服务，当然最重要的是销售能够满足弗兰茨J.和乌拉M.的要求的产品。

新的"因忽视造成的风险"：谁无视趋势，谁就要失败！

我作为营销领导层的发言人和顶级培训师的经验说明：大趋势这个主题在很多实践领域都被低估了，战略上也重视不够。我们生活在一个令人兴奋、不断变化、运转越来越快的世界，我们每天都有新的机遇，但我们通常抓不住它，因为我们把许多东西都看作理所应当，因为我们没有追问背后的原因，没有把它与其他的可能性联系起来。我们长久以来太经常管中窥豹，只看到了事物的前半部分，也就是只看到了很多相同的东西以及过去发生过的事情，缺少的是真正的横向思考、认识、发展、从其他领域的研究、分析其他领域的成功要素以及运用到自己的领域中。

来晚的人……

公司的犹豫等待会带来很严重的后果，因为用户3.0可不会等你去联系上他们，他们会立刻走开，去找下一个供应商或者能用顾客喜欢的联系渠道和他们沟通的服务商，他们更加灵活、反应更快，他们的产品能够满足顾客的新要求，他们准备往产品的继续研发方面进行投资，会倾听消费者和市场的声音，会去学习并学以致用。他们并不是死板的就做1+1等于2的事，他们会让1+1等于3，也就是寻找能带来更多意义和利润的更好的解决办法。

看一下旁边的人

世界在变化，变得比以前快，新技术和新工艺推动着世界向前进，加速大趋势的形成，让很多事情成为可能，提供新的机遇并影响消费者行为。对于企业和营销员工来说这意味着：要小心！保持清醒！用户3.0就是上帝，就是中心。你往左右看看，你的竞争者在干什么？其他行业有什么创新？你如何从中获益？

实战技巧：把大趋势放到眼里！

研究未来和趋势追踪很有可能不是你的工作，你应该还有很多其他的事情要做。然而尽管如此你还是应该把大趋势放在眼里，快速了解一下研发领域的新发现。这里有一些实践中的技巧：

——留意周边：读些其他行业的报纸，参加会议和博览会。

——加强公司内部不同部门间的交流。与不同部门和不同教育背景的同事交谈，这些部门在参与什么项目？这对营销有什么影响？定期举行会谈进行交流。

——寻找横向思考的人！读一下科幻小说，如果你看进去了，就会发现如今我们日常生活中的很多高科技设备都来源于以前的科幻小说。

——利用谷歌趋势（Google Trend）寻找你的目标客户想要什么。这样你只需要点几下鼠标就能找到当前哪些产品受欢迎，以及这些搜索请求最终是如何演变成产品的。

——设置一下谷歌提醒（Google Alert），观察你的竞争者以及某个领域的发展情况。

——仔细检查一下Web 2.0，使用一些特殊的搜索引擎，按照关键词搜索一下社交网络。在XING上设置成，当有关于你感兴趣的论坛信息贴出来时，给你发提醒。

——询问一下新产品和新研究成果的细节背景，为顾客和产品的继续研发寻找利润点。与研究机构进行联系，也许他们有一些研究成果能直接运用到你的工作当中。

如果你运用过了这些技巧，那你就可能获得成功，就会在顾客心目中有一个优先的位置。你要做好继续变革的准备，有智慧地营销，去主动参与而非被动反应，成为塑造者而非牺牲品，仔细观察并利用好机会，简单地说就是：你今天就要在营销当中顺应大趋势而为，而非一味等待竞争带来成功。

大趋势对营销的影响

大趋势对营销有何影响? 你和你的公司如何才能从这变化中盈利? 让我们仔细看一下大趋势的某一部分:

实战技巧: 大趋势及其对营销的影响

1. 人口结构的变化

新的营销途径应该关注60岁~90岁的老年人群体,他们未来会更经常地使用网络、社交媒体和智能手机。

2. 个性化的新阶段

用户3.0喜欢个性化的产品,愿意参与到产品研发过程中。营销可以利用这一点,比如在论坛上和平台上与顾客交流,也可以开通网上商店,在这里顾客可以自己制作产品,通过个性化的咨询给顾客介绍不同的产品模式,然后顾客可以自己选择并一起寻找一个共同的解决方案。

3. 健康水平的提高

健康产品、维他命药片以及其他许多产品不再只是放在卫生用品商店的货架上了。为什么不能专门为健身房和健康型酒店开发特殊的产品并在那里销售? 或者给身边的朋友们提供展销会的信息,介绍产品优点和正确的使用方法?

4. 社会的女性化

开发对于女性和男性都有人情味的产品,这样化妆品商店也会成为吸引男性消费者的购物场所,而且不只是在女朋友生日或者圣诞节前夕的时候。在这里也可以利用一些有意思的方法创造更多的需求：为什么不给男性提供化妆品课程或者着装指导的服务？或者为男性制作一个护理知识的网站以及网上商店？或者直接给男性开一家健康型酒店，提供一系列护理产品，之后还能在网上订购。

5. 文化多样性

现在的市场营销已经细分为针对不同文化背景的人，将来企业的产品可以符合顾客的价值观和心里想法。带有清真认证的产品，也就是符合穆斯林宗教规定的产品，在德国的销售将会增长，比如，哈里波（Haribo）软糖会为全德国的土耳其商店提供特殊的食品，打开了一个新的盈利渠道。

6. 新的交通模式

这个趋势将让商用车行业获益，与装载行业一样，商用车公司需要开发新的汽车款式，来保证人们的日常供给。私人用户需要新型汽车在大型城市里穿梭，同时尽可能少的排放污染物。

7. 无处不智能

相互联网的智能日常用品：提到这个词，人们立刻会联想到可以思考的、能够自动订货的冰箱。或者是未来商场中的购物车，可以为选好的肉类建议合适的配菜，或者直接给出相应的菜谱，还包括所需要的食材都在超市的哪个货架上。亦或者是在药品用完的时候会自动响铃的家庭药店。无处不在的智能化也可以运用到新的销售渠道中，给顾客推荐合适的产品或者直接告诉他们有什么需求。

对于你这样的营销人员来说大趋势到底意味着什么？你能从这一变化

中如何获益？我的建议是：面对变化要有足够的适应能力，积极参与到其中！这里我赞同美国管理专家汤姆·彼得斯（Tom Peters）的观点——永远存在的企业只是一个传说。成功只属于那些不断有新发明的人，新发明和适应这个不断变化的世界的过程必须比以前变得更快，否则你和你的企业将受制于人。

小结

今天的大趋势已经展示了社会和经济是如何发展的，所以那些明天还想成功销售产品的企业应该把重要的变化牢记于心。

对于销售来说具体指的是：

1. 牢记大趋势，具体的建议你已经在本章中读过了。

2. 定期了解能从中获利的行业的新发展。时刻思考：这个新发现、新材料或新研究对提高我的产品有什么帮助？

3. 计算风险。继续开拓产品和服务，朝着趋势的方向发展。不要想着明天，而是要想到后天！否则当产品投放到市场的时候已经过时了。

4. 把顾客与产品研发连接起来。尽管这不属于任何一类大趋势，但消费者正在（无意识的）积极塑造趋势！参与是有必要的。

5. 定期仔细考虑一下你的销售理由和展示文件，哪种模式适合回答消费者提的问题？如果行为和生活环境变了，这还合适吗？如果商品的其他特点符合趋势的发展且对购买很重要，应该把这些特点表达出来吗？

营销领域的有趣变化和社会经济大趋势的影响可以在知名的培训书籍《商业和教育杂志》（Magazin für Business und Bildung）中找到，本书读者可以免费订阅：

→ http://www.buhr-team.com/de/coachingbrief

只有能让人信服的人才能说服别人：
如果值得去做的话，用户会成为信息传递者

在本章中你会读到，员工和用户如何变成粉丝的，以及这些粉丝为什么要向别人推荐你的公司和产品，以及为什么需要这样的粉丝：因为这样整个公司的所有员工都会成为营销人才。

第六章
只有能让人信服的人才能说服别人：
如果值得去做的话，用户会成为信息传递者

汤姆·索亚 知道该怎么办

"我想，一千个或者也许是两千个年轻人当中，最多有一个能把这个事情做对。"凭借这句话，汤姆·索亚（Tom Sawyer），这个马克·吐温小说中的人物，完成了件了不起的事：他让他的朋友本（Ben）去接下了一个没人愿意去做的任务。因为本原本想去游泳，现在却要去做些完全不同的事：他得去给波利（Polly）阿姨家的篱笆刷漆，而且还是在酷热时分。他还把这招用在了其他人身上：越来越多的年轻人想证明他们的能力。他们给的篱笆刷漆，放弃了在这么好的天去游泳的机会。是的，他们反而还给汤姆实物报酬，来争取在烈日下工作。那么汤姆呢？他在阴凉里享受刚刚获得的空闲时光。

汤姆做了什么？他让他的朋友们相信，刷篱笆能让他快乐，对于他来说这根本不是工作，而是一个证明他能力的好机会，汤姆用他的说服力、动力和激情感染了其他人。

从营销的角度看，这个把戏十分绝妙，即使汤姆·索亚（Tom Sawyer）的激情在这个时候只是演出来的。他的这个点子现在通过其他方式进行了延续。今天是用户3.0时代，就是要去感染顾客，将激情和动力传递给顾客，你的产品、服务或者公司的（潜在）粉丝都是你的品牌推广者。一个对产品有意向的人，都有可能成为公司所用，为你在市场上做宣传，不过前提是，他自己能被感染，能有激情和动力，而感染他的，就是作为营销人员的你，是你的公司和产品。

这些公司已经有粉丝了

如果你听到这句话，那么你就可以有和汤姆·索亚（Tom Sawyer）一样的经历了，或者就像货运贸易公司奥托在2009年圣诞节进行的Tausch-Rausch促销活动一样（见章节3.6），就像DHL在脸谱网上的"Sparte Paket"，就像超市DM的沐浴乳，或者像能多益面包酱广告（Nutella），有超过117900位粉丝（截止到2011年2月）上传了他们自己的Nutella照片，他们给出建议，哪里的面包酱比较便宜。另外还有红牛，这个被人疯狂崇拜的品牌在全球已经有超过15010850位粉丝（截止到2011年2月）在粉丝页面上获取了红牛帝国的相关信息，他们能在这里找到红牛赞助的比赛队伍和当前赛事的背景信息，其中有一点特别精明，页面上的有些视频只有红牛粉丝才能观看，这足够让更多的用户去点"赞"的按钮了。

你还可以让你的顾客去感染其他人。比如亚马逊让大家在社交网络上交流使用其电子书阅读器Kindle的心得，在网络上大家可以更快捷的相互之间分享值得推荐的书籍、有趣的段落以及学术文献引用技巧。

➡ 见http://www.wiwo.de/management-erfolg/wieunternehmen-auf-facebook-co-um-kundenbuhlen-429810/}

把顾客和员工变成粉丝

这些品牌都有一个共同点：他们都是由自己的用户推荐给别人的。这一点你也可以做到，B2C和B2B领域一样，并不取决于行业和产品类别。奥古斯汀早就熟知，"你只有把自己的激情先点燃，才能去感染别人"——当你全心全力去做事，当你从内心散发出激情，当你的营销团队都被"点燃"，那么你才能去感染别人，前提是你的激情是真实的，而且你必须在引导顾客的所有阶段都保持激情。

那么，什么才能激起人们向别人推广公司的兴致呢？

第六章
只有能让人信服的人才能说服别人：
如果值得去做的话，用户会成为信息传递者

实用技巧——把顾客变成公司的粉丝的方法是：

把顾客的要求放在公司利益之上

比如说，只卖给顾客那些他们认为好的和重要的东西，另外，如果商品的成本高于预期或者销售时机不成熟，那么也不要去签订合同或者进行买卖。

给顾客惊喜

比如说，在修理厂给汽车换轮胎或者检修的时候免费提供洗车服务，或者在理发店等待空位置的时候提供咖啡，在你最喜欢的酒店预订的时候给你之前住过的熟悉的房间，同时给你送去你最喜欢的浓缩咖啡。在B2B行业你也可以多提供一小点服务而给顾客惊喜，比如，下午开会的时候带去点蛋糕，或者给联络人的助理送些鲜花作为友好的象征（我们通常会送一个小本子作为感谢）。之后你会很惊喜的发现，这么做能让别人对你的好感维持这么久。

……不用别人问，也要把服务质量提高到最好

比如德国电信（Telekom），他们的热线电话经常接不通是出了名的，用户的抱怨和问题往往被扼杀在了昂贵的热线电话里，在这里人们学会了如何"快速且不加询问的认识20个新人"。即使电话接通了，他也帮不上什么忙。为了不再惹怒用户，德国电信开始使用推特和脸谱网，这样用户就可以很快地获得帮助。德国电信服务中心的工作人员都有自己的名字，这样顾客会觉得他们面对的是有血有肉的人，而不是机器。2010年9月德国电信在脸谱网开通帐号"德国电信来帮忙"（Telekom hilft），已

经有约22000位粉丝（截止到2011年6月）。这个账号以及他们在Twitter上的账号都受到用户的强烈推荐。其他公司像Carglass以及Otto在这方面做得也很超前。

……让产品显得很"特别"

像Mini Cooper自从1959年投放到市场上就主打个性化的标签，41年来尽管推出了一代又一代的新型号，但这款小型汽车只有技术细节上的变化，其他标志性的特征都保留了下来。依靠这一策略，Mini Cooper共生产了5387862辆，成为销量最多的英国汽车，其中一个原因就是，许多名人，比如崔姬（Twiggy）、披头士（Beatles）甚至皇后乐队（Queen）都喜欢开Mini Cooper。

……人与人之间交流

这既是对商业客户，也是对个人客户来说。因为在许多领域产品和服务都是可交换的，所以每个人都是独一无二的，所以也要与其他人建立独一无二的联系。与员工的关系和与顾客的关系都是唯一的，都是有代表性的，都是生意成功的重要因素。个人的咨询、小的超值服务以及其他的众多细节都能从情感上与用户联系在一起，让他们感到高兴。

精益领导力（©Lean leadership）让员工变成粉丝

企业最重要的粉丝必须就在公司里，必须就在营销部门里。只有自己企业的、品牌的、产品的、服务的粉丝，只有那些能传递正能量的人，才能作为营销人员去把顾客也变成粉丝。

第六章
只有能让人信服的人才能说服别人：
如果值得去做的话，用户会成为信息传递者

对待员工要像对待顾客一样好

如何让员工长期成为企业的粉丝？你必须像对待顾客一样去努力争取，很重要的一点就是，你要像员工每天对待顾客一样对待员工：相互之间要尊重、真诚和公平。作为雇主或委托人你要有对未来有计划，要指出方向，并给大家安全感。此外你领导者的角色也很重要，因为是你指定工作规则，你创造工作空间和气氛，这直接影响到企业文化和企业氛围。最后你还影响到员工是否愿意来工作，工作是否有乐趣，是否愿意长期承受压力，这涉及你的团队、部门、公司某个区域或者整个企业。要把企业看作一个运转中的整体！

我这里说的是精益领导力（©lean leadership），它的领导原则有三大支柱：可持续、盈利导向和价值基础。

实战技巧：精益领导力的支柱

支柱1：可持续性

可持续性的意思是，我们经济行为的目标和措施设定的要能够长期有效，目标是跟得上未来的趋势，并具有战略性。为此要有一个可持续的视角来看待企业的未来。可持续性还意味着，我们要创造出的价值要能让顾客长期受用，要符合未来的资源情况、交流条件以及市场状况，因为可持续性包含三个同等重要的方面：生态、社会和经济。

企业必须认清未来的趋势和未来的市场，并做好应对准备。要想如此，必须要清楚你的企业要为未来的市场带去什么样的价值观、什么样的效益和什么样的意义。企业要预估到未来市场上可能存在的风险，并走资源节约型的发展道路，并且要在考虑顾客权益和长期盈利导向的前提下进行管理。

支柱2：盈利导向

企业有社会政策性的使命，也就是说要为市场和顾客提供具有公平性价比的产品和服务，使潜在顾客的生活变得更美好，让世界变得更美，要可持续地生产并从中盈利。如果能承担起这样的使命，那企业就会成为销售机器，能够创造就业岗位，并保证福利。企业可以投资于技术、新产品和环境友好型的生产方式。盈利就是明天的成本，盈利导向对于完成明天的社会政策的使命来说很重要。这一切使得盈利变得有意义。

为了完成这一任务，我们需要富有责任感的经理和领导层，这还涉及内外两部分，对内来说是流程操控和质量控制，对外涉及公司对顾客、商业伙伴和社会的影响。领导层必须为我们这个时代的社会、经济和政治问题给出答案，要积极参与社会框架条件的设定，要设立这样的框架，他们未来也要富有责任感并以盈利为导向。

支柱3：价值观基础

负有责任和富有远见的思考和行事，上面说的两个方面都表明了领导层价值观的重要性。根据"价值观委员会-有价值观意识的领导协会"的问卷调查结果，领导层应该具备的六个最重要的价值观是：信任、责任、尊重、正直、持续和勇气。人应该信任别人超过信任自己，有勇气承担责任，祝贺别人取得的成果。如果领导层忽视了这些价值观，甚至某种程度上毁掉了公司里面的这种特质，那将是无比遗憾的。尽管博思艾伦咨询公司（Booz Allen Hamilton）和阿斯彭研究所（Aspen Institute）的一项全球范围内的调查显示，企业价值观与经营业绩上的成功有显著关系，但价值观是优先于产品价值的，价值观创造价值观。

可以这样实践精益领导力

你可以这样实践精益领导力，如果你是高层领导那就要注意以下几点：

1.确定和明确受众群体，那些是最重要的外围利益团体？什么结果对他们来说最有意义？顾客才是公司的老板，没有他们公司什么都没有，他们是公司盈利的唯一来源。

2. 定义商业领域。要想成功，你要进入哪些领域？哪些领域你不准备触碰？

3. 权衡现实与未来，在短期和中期目标之间找到平衡。为了明天依旧能取得成功，你今天要做什么，要取得什么样的成果？

4. 确定价值观和标准。价值观塑造一个公司的身份认同和使命，规定员工在公司内和公司外的行为。标准决定预期，确定公司驶向哪条道路。你做的事情以及你最重要的事情能确保你的成功吗？你有机会成为你的领域里的第一吗？

你要成为一个能说服别人的人！

核心成员是一个有激情的营销团队的基础，可以塑造像你这样的有自己价值观、有责任感的领导的想法、行为和行动动力，也可以影响你对正确与错误的认定，因为作为领导你有一个特别的任务，就是充当为其他人指明前进道路的榜样和灯塔。如果你为企业和产品奉献自己，那也会感染别人。

与其说请求许可，不如请求原谅

这要求你完全站在你企业和产品的背后，你要言行一致，要问"什么？""为什么？"这样的问题，而不是"怎么办？""其他人在干什么？"你要像一位真正的领导人一样生活，而非一个有合同在身的经理一样敷衍了事。你要按照你内心的指针前行，而非外部的规矩，因为敢做才能赢。当然事情也不总是这样，但这样的人的成功几率要大于那些犹豫不决的等待的人。那些总是等着别人的许可的人，通常要等好长时间，等到那时人的动力已经消耗殆尽了。当聪明的人还在那询问别人的时候，那些比较笨的人早已冲进堡垒了。有句话是不无道理的：与其说请求许可，不如请求原谅。

如何解决自己的惰性？如何动手开始行动？这里我给你五条具体的建议：

实战技巧：五步跳出等待许可的窘境

1. 弄清楚你想要什么，不想要什么！

你了解了自己的方向了？那么你只需要想一个问题："规则是否阻隔了我实现目标的道路？"如果是，那你仔细看看，怎么做才能离自己的目标更近。如果不是，那么这个规则就没什么关系，你就不用再去管它了。

2.给自己一个理由！

每个人都有这样的经历：有了动机做事会更容易。用户在展会上表现出自己的兴趣的话，你才会愿意给他打电话继续联系，如果给一个业绩领先的团队一个奖励的承诺，那你许多问题都可迎刃而解。现在的挑战是，给你自己找一个合适的理由。完成这个项目对你个人意味着什么？你能获得什么？你会失去什么？做决定意味着要比较各种情况的代价，你回答这个问题的时候不要受同事、家庭和老板的影响，这完全只是关乎你自己的生活、目标和理由的，而不是别人的，你有自己的强项和弱项，你觉察到的机会和风险。可以再问些其他的问题并找到其他的答案，这很好，因为只有这样创新才能出现，新的想法才会产生。

3.要有勇气！那些必须要做的事情就直接去做！

领导层不会试图寻找一种让所有人都满意的办法，因为让所有人满意就意味着屈服，做出本来不愿意做的妥协，以为这样所有人都不会受到损失、还会得到一个普遍的共识，但其实这种共识没人赞同。一视同仁完全就是不公平！公司领导层需要做出反应，但不仅仅是表达自己的观点，而且还要实现商业上的想法，并让员工接受自己的价值观。即使你的员工、同事和商业伙伴对此并不赞同，甚至你的上级也不满意，那你也必须去做，只要你想当一个领袖的话。而且这种情况下通常不需要第三方的许可，因为除了你自己，谁能为你的一个独立的领导工作提供许可呢？最终还是要归结到你的生活、职业和任务。

4. 从结果中汲取经验，如果有可能的话去修正结果！

人自己的内部评价体系都是关注结果的，而评价的基础是：通过自己的方式行事最终会得到什么？经常思考一下，你现在处于什么位置、你要去哪里、这一过程中会发生什么、你是否要改变自己的方式。如果必须改变，那就去做，不过要做得灵活、持久，并充满热情，当然还要聚焦于你的目标、你的成功上。反过来这个过程会给你下次做决定时需要的反馈，这样你就可以优化自己的评价体系。

5. 也给别人勇气去走自己的路！

我相信，只有当每个人都能更多地发自内心做事，每个人都能展示出内心的想法，那么我们整个社会才能最大化地利用其全部的潜力，这也正是自由的思考、自由的工作和自由的创造的机遇！按照我们的生活去工作是一种责任，尽管人与人不同，但仍然能够成长和变得更好，已有的习惯、恐惧和障碍都不要紧。最终的问题将是我们能做什么、我们想做什么、我们愿意做什么，以此使其他东西变得更加有用。对此我们不需要别人的许可，为什么会需要呢？我们是独一无二的，你就是独一无二的！一定要给别人做些事情，否则就会失去一切东西。不仅仅只是对你，对所有人都是如此。

感染别人！

为什么有些企业能够成功招聘到大学毕业生和年轻人，而有些公司却不能？为什么顾客喜欢某些特定的品牌，而却不愿意买另外的品牌？为什么有些公司被看作是灯塔，而有些却不受欢迎？因为我们给灯塔赋予了某些价值，因为我们愿意为那些拥有某些特质的企业和上级工作，我们倾心于他们的组织和品牌背后的价值。

为了达到这个目标，你和你的团队必须理解其背后的价值和意义，必须分享价值，必须在生活中与工作中践行这种价值。这种价值必须是具体的、可以让人理解的。什么是可靠？比如顾客的咨询和投诉都要等多久？你要从这种价值中找出清晰的目标。要注意的是，营销人员要知道别人对他们的期望是什么。内部的结构和规则给所有人一个前进的方向，使得相互之间的交流变得更加轻松，实现目标更加容易。因为这是一个标尺，为目标的实现进行了分级，这样大家就可以看到，我们现在处在哪个阶段，在什么地方我们需要（来自自我的）动力和激情，或者在什么地方可以用激情去感染别人。

另外，目标是保证可持续性的，这影响到员工的前进动力和企业的成功。因为没有什么比一个错误的或者经常变化的企业战略更能让一个甘愿奉献的好员工感到挫败的，而除了没有动力的员工，没有什么会再让企业遭受长期的损失了。

营销的计划和实施要有智慧

有前进方向和前进动力的员工会考虑得更远，他们准备好去帮助别人，为整个公司的大局着想，全心全意地为顾客提供咨询，并用自己的激情感染整个公司。

你作为领导人员是企业的核心和支柱，为员工指明方向。是你决定着员工是全身心地投入工作还是对自己的工作漫不经心。

以下的精益领导力（lean leadership©）的三大支柱是成功的重要因素。按照我们问卷调查的一部分结果，智慧营销是比信赖更为重要的因素。

摘自营销智慧研究项目

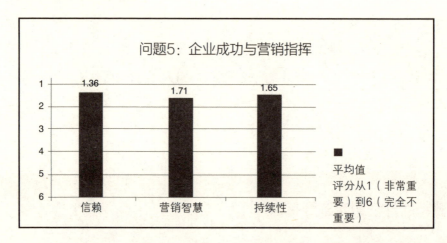

企业成功与营销智慧这一问题也反映了智慧营销对于企业成功的重要性，根据评价从"非常重要"到"完全不重要"，智慧营销的平均得分为1.71。也就是说，在调查参与者的眼中，这一因素的重要性高于信赖和持续性。

我对智慧营销的理解正如刚开始所说的，是一个整体的、有价值意识的能力模式。如果事情发展和执行得正确，那么必定会带来企业的成功，而首先就会使营业额增加。

背景资料├

能力模式

营销智慧

营销智慧包括一开始提到的能力如市场策略、营销资产、精益领导力和创造力（动力）。这四部分包括了多个相互联系的单独的能力。我们来

第六章
只有能让人信服的人才能说服别人：
如果值得去做的话，用户会成为信息传递者

仔细看一下：

- 依据已有的市场策略进行定位：制定一个感性的市场策略，包括B2C和B2B领域。每个购买的过程都是感性作用的经历，并被固定下来，这就能保证你更有力度地开发未来的市场，例如生物技术、服务业/贸易、物流/运输和保险/预防，或者在未来的某个行业中。

营销知识就是营销资产：营销人员必须在正确的时间做正确的事（有效行事）、准确无误、持续且目标无误地做事（有效行事），考虑到销售中的各种苛刻的成功因素，有目的地招揽客户，关系导向和结果导向的宣传产品，把自己看作一个榜样全身心地投入。

精益领导力：有智慧的销售领导会要求、鼓励和带领员工走向成功，他们满足领导的四个层面：领导自我、领导员工、领导团队和领导企业。

创造力和执行力：特定的软能力使领导层和员工有能力去创造、充满动力去工作。

这些领域在生活中也要通过大量的单独能力去满足，这些单独的能力属于这四大领域。重要的是协调互动。因此我想请你参与一个小的测试：下面这些哪些符合你？

小测试	
我决定更大领域的战略目标，确定执行的准绳，为此我需要有必要的资源，在考虑到目标可行性的前提下提高员工的能力。	☐
我有出色的领导特质，让各级员工都可以相互交流。我融合了股东利益为上的思想，取得了出色的成绩。另外我还为不断扩大市场提供了战略性创新。	☐
我决定我周围工作的人、部门、团队的目标，并为此与我的员工交流。	☐
因为我接受了很好的理论教育，并拥有丰富的实践经验，所以我有很多领导方法，我与别人交流企业战略、决定公司流程，让我团队的能力符合学习曲线。	☐

我是在我的专业领域和我们的行业里公认的专家，我不断地巩固自己的权威地位并解决了我的弱项问题。	☐
我知道自己的强项，并有目的地将这部分发展成我的专业特长，我会积极地创造出一个能让我发挥我特长的情景。	☐
我很清楚地知道自己的强项，并积极寻找一个能让我发挥特长的领域。	☐
我大概知道自己的强项，但只能零星的或者比较意外的运用特长，无法自己掌控。说实话，我一直徘徊在我的强项和弱项之间。	☐
我一直督促自己和其他人继续工作，不断增加的项目和任务量让我交出一份更好的工作答卷。	☐
我意识到了所有四个领导层面（领导自我、领导员工、领导团队和领导企业），并有能力在自我领导层面管理自我。	☐
我读了四个领导层面（领导自我、领导员工、领导团队和领导企业），并学习了他们的理论知识。	☐
我意识到了所有四个领导层面，并不断在领导领域有新的认识。我把这些认识运用到实际当中，反映在我的四个层面的领导风格上。	☐
我意识到了所有四个领导层面，并不断扩展我的理论知识，因为我想带领我的员工获得销售上的成功，同时获得个人的满足。	☐
根据公司内部和外部的研究结果和个人的观察我能够将生产要素相互连接起来，力图让企业有一个快速增长、持续的、清晰的附加值。我拓展经济视野，将这种能力传授给员工，把任务委托给其他人。	☐
我独立的分析了企业的生产要素，建立了能够带来附加值的可能的生产要素组合。	☐
我能够分析生产要素并对其进行组合，我尝试着走出一条创造附加值的道路。	☐
根据公司内部和外部的研究结果和个人的观察我能够将生产要素相互连接起来，力图让企业有一个快速增长、持续的、清晰的附加值。	☐
我根据已有的企业目标来制定增长策略，其基础是我对于新市场、新趋势和新产品的认识以及现在和未来的竞争格局。我在考虑拓展已有的市场，并付诸行动。	☐
我决定企业的发展和增长策略，计算最优增长率，因为我的任务是，为我的公司安全地占领未来的市场提供支持。	☐
我通过执行部分计划来支持我的企业在未来市场上的增长。	☐
我制定全公司的增长目标，决定未来的市场策略，确定顶层市场目标和定位目标。为此我把每个单独的项目分到公司的战略和执行部门。这样我就可以有效地实现占领未来市场的既定目标。	☐
我在重新定义过程和流程上很有创造性，我不害怕触及公司已有的程序和权力关系，给出另外的意见和建议。我参与企业变革的过程（变革管理）。	☐

第六章
只有能让人信服的人才能说服别人：
如果值得去做的话，用户会成为信息传递者

长期和战略性的思考

营销指挥涉及热情、激情和动力，涉及长期的绩效和经营上的持续的优化，目的是战略性和前瞻性的思考和行事，保持可持续性。那么可持续性的经营是什么？现在几乎所有的东西都被贴上了"可持续"的标签，所以我们在营销智慧的研究项目中也问及调查参与者对可持续性的理解。

摘自营销智慧研究项目：经营中的可持续性├

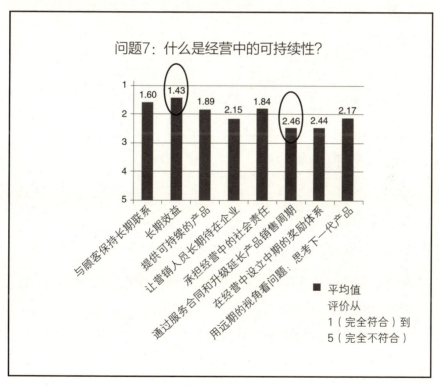

问题7：什么是经营中的可持续性？

平均值
评价从
1（完全符合）到
5（完全不符合）

调查参与者用这八个选项中来评价"经营中的可持续性"。得票最高的是"经营中的可持续性意味着公司要有长期效益"，平均分数为1.43。排在第二位的是"与顾客保持长期联系"，得分为1.6。

长期效益可以翻译为"信赖"和"质量",也包含"能力",而这与营销人员的知识和技巧有紧密联系。这就对今天的员工提出了与昨天一样的要求,而在其他领域又需要有新的、有时还得是全面的知识。具体来说包括以下几项能力:

已有的能力和新能力

已有的能力:

思考和做事都要以顾客为导向

能与人很好地相处

十分了解顾客和他们的要求

十分了解公司产品和成就

能够准确地表述产品和成就

能够很好地处理不同意见

新的能力:

思考和做事都要有营销智慧

思考具有前瞻性,时刻把市场和竞争者放在眼中

了解变化的趋势和对市场及顾客需求的影响

通过不同途径与顾客交流,比如使用Facebook和Twitter、打电话、写信

从社交网络和互联网上收集充足的资料,来为顾客提供优秀和全面的咨询服务

第六章
只有能让人信服的人才能说服别人：
如果值得去做的话，用户会成为信息传递者

好的营销需要技巧

正是因为营销人员的能力如此重要，营销智慧研究项目就把"员工的培训"作为重要一点列了出来，主要包括"销售培训""专题研讨会"和"内部和外部的辅导"。这些措施能够挖掘员工个人能力、增加对产品和公司绩效的了解。他们能够获得自我激励和为公司充满激情工作的基础，这种激情也能传递给顾客。

员工培训十分重要

成功的跨国企业已经认识到这一点，并为员工培训投入资金。他们每年都为每位员工提供了一笔特定的支出，而这笔钱并不少：预计到2015年将有1.4亿欧元投入到员工培训项目，这一数字来源于2010年领英（Executive Partners Group）对职工董事和领导培训的负责人进行的一次调查项目。该调查的对象包括所有德国DAX上市企业和M-DAX, TEC-DAX和S-DAX中资本总额位列前70%的企业。也就是说，有超过70%的资本总额最高的企业有特别针对高层经理的培训措施。

2010年德国工商总会（DIHK）针对全德国范围内的15333家企业进行了一项调查，结果显示，93%的企业不会再涉及到员工培训的员工能力上节约开支，25%的企业甚至计划增加培训投入。

有意义的是：自己的培训设施

部分企业有自己的培训机构，这里可以对培训提出自己的要求，比如TNT快递公司的TNT学院。在这里接受培训的人在为期三天的导入课程中了解雇主、企业文化和产品，训练说话的技巧，还可以通过营销课程训练交流能力。相对于竞争，员工在这里获得关于公司成就的背景知识，学习竞争对手USP和Spirit，这样他们就对自己的公司更有认同感，更有动力把公司品牌传递出去。

此外，培训和辅导还可以激励员工，因为每一次培训，每一场研讨会都是一个信号："我相信我自己，我在为我自己投资。我想你来学习一下，你继续前进之后，可以带给我们一些东西，带给我们的顾客一些东西，都是为了我们共同的成功。"这样的投资有利于培养更高的企业忠诚度。

摘自营销智慧研究项目：把营销人员长期留在企业中

69%的受访者认为，"把营销人员长期留在企业中"是营销能够可持续的前提。当然把他们留在企业的前提就是，给员工想要的动力和认同感，以及相应的营销技巧。

金钱奖励并非最重要的动力

人们如何看待企业中的一个有天赋的营销员工？如何激励他，让他为公司奉献？这个时候通常会想到的就是金钱奖励。金钱很重要，在我们这个只注重外在事物的社会同样如此。此外金钱，这个个人收入的指标，是投入工作的结果。但是金钱本身并非万能，尽管它在招聘的时候是一个重要方面。当企业的工作氛围和其他的条件都不理想时，一个甘于奉献的员工也会考虑跳槽，就算老板给的工资再高也是如此。

一个错误激励的例子

这是我一个朋友的故事，她在一家大型通讯设备供应商工作，她的岗位十分重要，收入也很可观，而且还有定期的工资上涨和奖金。尽管如此她还是不满意，她想继续提高自己，拓展自己的知识面，她报了私人的培训课程，表现积极。她站在出发的地方，然而所有的路都亮了红色。她的上级请求她有点耐心。但现在似乎并非是好的时机，因为必须要先等公司整体顺利发展之后，才会有人管她的事情和工作。其他人也不知道，她是否是这个位置上的最佳人选。她请求上级的理解，她不想让公司难办，所以提出了辞呈。很快公司又给她涨工资了，但是她拒绝了，并离开了公司。这么做对吗？

摘自营销智慧研究项目：设立中期的奖励体系

就"在经营中设立中期的奖励体系是否就意味着可持续性"这一问题，受访者给出了肯定的回答，尽管如此这一说法最终只得了2.44的平均分，也就是说并不是特别重要的一个因素。

将顾客的不满看作取悦他们的良机

领导、信赖、培训员工和可持续性，所有这些都是基石，他们的目标是把企业带到成功的道路上。不过这里顾客的满意度是一个很重要的因素，因为每家公司都是因为顾客而存在的，顾客是企业资金的唯一来源，这些资金之后被投入到工资发放、生产、市场营销、经营和产品开发上来。

有了这样的背景那就不用再惊奇，我们的研究项目中，"顾客满意度"是回答这类问题最常见的答案：哪些措施能使企业成为最佳"顾客机器"、对顾客来说最有吸引力的商家？

摘自营销智慧研究项目

哪些措施能使企业成为"顾客机器"？

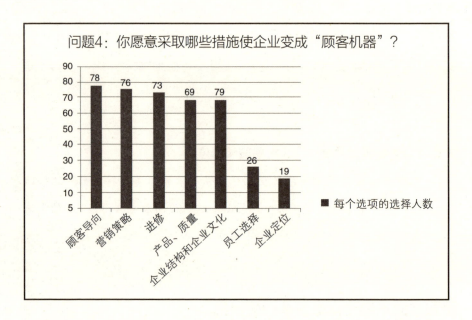

问题4：你愿意采取哪些措施使企业变成"顾客机器"？

哪些措施能使企业对顾客有较高的吸引力，以至于顾客愿意且真心实意地把这家企业变成了销售机器？排名第一的"顾客满意度"获得了35%的支持率。

顾客导向？一个可能的解释是："……程序导向和市场营销指向的一部分……此时企业在做出公司决策时会依赖于顾客的想法……这里'顾客就是上帝'的说法就是商人的思维范式。"

第六章
只有能让人信服的人才能说服别人：
如果值得去做的话，用户会成为信息传递者

消费者经历管理——成功的基础

但这就足以保证企业能从竞争中脱颖而出吗？保证企业变得独一无二？可以激励别人？要我说：还不够！如今顾客导向的意思就是消费者经历管理，目标是创造积极的消费者经历，以建立一个顾客与企业之间的感情连接。满意的消费者成为忠实用户，忠实用户成为狂热的用户，他们是品牌的形象大使，给别人推荐这个品牌。消费者经历管理的目标是产生一种间接的效应，就像口碑营销一样。

另外一点是，消费者经历管理会尽可能多地使用不同的交流渠道和交流机会来和消费者建立联系，而且并非要等到成品销售的时候，而是在产品开发的时候就进行了。其他交流的方式包括咨询、购买本身以及产品的使用和维护，企业要带给消费者一些购买以外的东西。顾客是企业"在市场上的耳朵"，企业以此提前预见市场新的需求，并与消费者共同成长。

把不满意当作动力

当顾客不满意时，你要和他们交流。当顾客为难你，想要终止合同或者试图砍价时，如果你这个时候心想"顾客要走了"或者"如果降价了，那我们就亏了"，那这完全是一个错误，因为那些寻求和公司联系的不满意的顾客实际上是忠诚的顾客，他们还给你一个提高服务的机会，因此他们其实是在如何优化产品和服务方面给出了很有价值的意见，这对于其他顾客、对于市场的明天以及对于新的目标的实现都是有好处的。

企业能从这些抱怨当中收获良多，如果能避免不满意情绪和糟糕的口碑宣传的负面影响，减小不成功产品造成的不良后果，那顾客将会变得满意。这些信息其实都可以利用起来，从而更清晰地认识经营上的风险和市场上的机遇。

要是能成功地解决顾客抱怨的问题就会带来巨大的心理效应，能够影响与顾客的长期关系，而且是积极的影响。如果企业了解了顾客的抱怨并站在顾客的立场上解决了问题，那这就是一个体现价值观的清晰信号，企业获得的回报就是顾客的忠诚，再次购买的意愿，或者购买商家的其他产品，以及把产品推荐给自己的熟人。

一个成功处理投诉的例子

这件事是关于我的朋友芭芭拉（Barbara）的，她是自由职业者，工作需要电话和互联网。她打算换个速度更快的网络，这需要一个相匹配的调制解调器。后来我这个朋友找这个公司咨询了一下，这种新的网络是否适合ISDN码，与她的苹果电脑是否兼容。很遗憾此时那个销售人员犯了糊涂，那个调制解调器必须要退回。这件事实在是让人生气：本来以为一切都没问题，网络会转换成高速的，但现在是网络运行不了了。芭芭拉绝望地拨通了热线电话，但她运气不错，电话线那头的员工很热心，他说产品投诉有一个专门的电话，不过要收费，但是他给了她另外一个号码，打这个电话芭芭拉可以免费地联系专业人员来更换网络。由于那位接线电话的员工并未死板地把芭芭拉推到传统的投诉程序——接受投诉、记录、转接、不知道哪一天会处理——当中，而是直接去寻找问题的解决办法，并且最后成功解决。结局是，芭芭拉再也没有考虑过更换运营商，尽管其他地方比这家便宜。

第六章
只有能让人信服的人才能说服别人：
如果值得去做的话，用户会成为信息传递者

只去感染那些有激情的人！

芭芭拉甚至还更近了一步：每次有熟人抱怨电信运营商的时候，她都会推荐她的那家公司，并讲述一下她获得快速服务的故事，相对高的价格她也并不在意。当然有更便宜的公司，但他们的质量和服务并不好，能够与商家取得联系很重要，比低廉的价格更重要。

像芭芭拉这样的用户还有很多，他们给大家介绍他们喜欢的东西，用很积极的故事来推荐产品和公司，这些感兴趣的人你也许都可以吸引过来。这也是你最好的广告了。

把积极的保留下来

顺便提一下：消费者更多的能记起积极的口碑营销，而非不愉快的经历，这是2010年trnd研究调查"口碑营销观察01"得出的结论。当消费者被问及对口碑营销的印象时，有89%的受访者记得积极的经历，而只有7%的人记得消极的经历。

讲述公司的故事

怎么样才能有那些顾客们愿意讲的故事？那些故事其实就在你的公司里，演员就是你的员工、销售团队和处理顾客投诉的人员。有一个汉莎航空的例子：由于2011年3月的日本福岛核电站灾难，汉莎航空公司取消了飞往日本的航线，乘客可以在汉莎脸谱网的页面上获取关于航班和航线取消方面的信息。尽管有核危机，但一些航班在可能的情况下会继续执行飞往日本的任务，这一消息引起了约17.8万名乘客不同的反应：有人赞许这种行为，有人对机组人员承担这种风险表示难以理解。不过两种反应都表明，这样的一种对话方式已经被大家接受了。

给用户单独的服务

也有其他公司书写了各自的故事：Eurail.com是一家在网上销售欧洲铁路通票（Eurail Pass）的公司，乘客可以使用这种车票乘坐火车游览欧洲国家。这家公司因其在社交网络上为用户提供了最优质的服务而获得了Mashable Award奖项，这个奖被称作互联网界的奥斯卡，通常颁给网络上最优秀的网站。Eurail.com的特别之处在于，他们有一支由旅游专家组成的特别团队，能在几个小时之内回答用户在Facebook上提出的问题，而且还能用多种语言回答。用户一般都可以得到对方用母语提供的服务，这样就可以最大程度上减少误解。问答的内容实际上已经大大超出了欧洲铁路通票的层面，用户如果问关于旅游目的地的问题，也会很快得到答复。因此Eurail.com的Facebook页面已经成为那些想用铁路通票旅行的人的固定聚集地。通过这项服务，这家公司单单在Facebook就获得了超过10000位粉丝（截止到2011年1月），根据公司的数据，所有有关该公司的社交网络上共有超过50000名粉丝。

你如何能从这些经历中得到收获？能给公司带来什么好处？

实战技巧 ⊢

用户服务中的重要附加服务

1.把服务看作是产品的一部分，比如告知用户软件升级，或者再会影响程序或者改变销售流程的条例发生变更时通知消费者，或者发送一些最新的报纸上的报道或评论。即使你无法直接从中获利，也要提供这些服务。

2.反应要快。消费者在反映问题和疑问时，实际上已经被其困扰了。服务商如果等的时间太长，就会选择转身离开，去其他地方寻找答案。

3.保持对话。比如你询问一下顾客，软件运行是否顺利，产品是否合适，是否有其他的问题，训练的反馈怎么中断了，具体应该在哪方面如何提高。当然还有，顾客是否满意，还有哪些提高的空间。根据2011年2月的一项调查，鉴于社交媒体的普及，有92%的企业了解在营销中和服务中的直接对话的重要性，可事实上他们却没有勇气去交流，特别是在B2B领域。

4.经常说谢谢。感谢第X项委托任务、多年的信任和拓展合作的意愿。提供附加服务的理由有很多，它能够增进信任和信赖。

5.你的顾客想去博览会上你的展台看看？现在就去帮他找门票。除了门票，同时要把博览会停车场的停车费给顾客寄去。

你可以看到，感染别人有很多种办法，通过Facebook或者其他途径，因为顾客导向也是有不同实现方法的——比如咨询、质量和信赖。当你自己相信自己的公司、自己的品牌和自己的产品的时候，当你全身心地为顾客推荐产品的时候，当你所给的正是他所想要到的、触及顾客内心的时候，当顾客成为了公司的粉丝、愿意给其他人推荐你和你的公司的时候，激情和感染力也就出现了。

小结

给你的营销方面的具体建议：

1. 往员工的能力培养，以及你自己的进修和发展上投资。

2. 按照既定目标清晰有计划地行事，注意把目标、言语和行为长期保持为一个整体。

3. 按照营销智慧原则定期反视自己的行为和目标，根据市场战略的需要进行修改。

4. 利用每一个机会去激起员工和顾客对企业和产品的热情。

5. 让那些被感染的顾客继续把产品推销给别人，问一下员工是否认识新的潜在客户，是否打算给他们介绍这些。激情是难以抗拒的，激情会传染，激情像病毒一样！不仅在实体店营销是这样，在互联网营销中同样如此！

你读完最新的内容可与我交流。我的博客中的重点就是营销和在营销中的领导：

➜ www.andreas-buhr.com

我的脸谱网帐号：

➜ www.facebook.com/Andreas.Buhr.Speaker

以及：

➜ www.wir-sind-umsatz.de

第七章

营销策略今非昔比，那明天呢？

本章中你将读到，社交网络为什么会发展成为
Casual Web，未来几年还有哪些趋势会影响B2B和B2C
营销，以及为什么这一切都取决于能否用富有感情的话
语和激情长期地让顾客信服。

第七章
营销策略今非昔比，那明天呢？

忘记你的销售部门吧，如今专门的销售部门就已经很少出现了，未来同样如此，不会再有每天八小时进行销售、然后就回家的人员，不会再有这种"朝八晚五"的人，不会再有只待在屋里、只坐在办公室椅子上、周末就关门休息的销售部门，所有的东西都要变了！

未来的销售无时不在、无处不在

在之前几章介绍了会前所未有的持续改变世界B2B和B2C销售和营销领域的20个大趋势中4个：

1.遍布全球的移动网络；

2.社交媒体平台改变了用户的社交习惯；

3.自愿提供的消费者数据和位置坐标被自动收集起来；

4.用户3.0本身——顾客作为公司的客户或者个人消费者在获得了更多的信息之后做出自己的购买决定。

如同其他的大趋势一样，以上四个趋势之间相互联系，并不断加强。那未来到底会驶向何处？社交网络脸谱网的创始人马克·扎克伯格（Mark Zuckerberg）曾试着给出这个问题的答案："五年后，所有工业部门都会被社交媒体改变，整个行业都会被重塑，这是一件伟大的事情。"这一图景是他在2010年12月13日面对德国金融时报的采访时描绘的。那个时候全世界已经有5亿人（现在大概有6.25亿）在使用这家世界上最知名的社交网络了，他的梦想是，所有的东西都通过脸谱网相连，私人生活如此，商业活动亦是如此。

因为对于扎克伯格来说，这涉及到Web 2.0时代的营销，涉及到创造供给，来保证原有产品和新产品的营销渠道。扎克伯格在这次访谈中指出，所有参与其中的人都能从Facebook的成功中获益：比如注册用户，因为他们能更方便地和朋友联系；还有企业，他们能更容易地获取数据。扎克伯格认为，人们不会对此反对。在他的眼中，人只会越来越开放，也更加愿意把他的生活和他的数据拿出来和其他人分享。

关于Web 2.0的市场营销：对于企业来说这一切注定会很快发生吗？或者这也仅仅只是个梦想？事实上对于聪明的营销员工来说，Web给他们提供的了无限的可能性，不管是在B2C还是B2B领域都是如此：用户3.0一直在这，可以随时拥有。那么未来会很美好吗？不会的，这只是企业的美好愿望而已，因为就算扎克伯格实现了他的目标，用他的社交网络把更多的企业连接到了一起，有更多的商家在Facebook上提供服务，那也总有用户3.0消失的一天，即使他现在愿意尝试给用户提供各种新鲜的应用，对于Web 2.0也持开放态度，但是慢慢的，注意力、警惕心和可达性都会随着时间的推移而降低，总有一天当年的雄心也会消逝。

Hype 2.0之后的世界

现在还能吸引用户去使用脸谱网以及如Foursquare、推特、Google Goggles或Recognizr等其他应用的原因，是他们好奇如今还能有什么新奇的东西出现。那我们中的每个人又能从这当中获利多少，不管是商业上的还是个人的，不管是作为客户还是供应方。这么看来其实我们正处在发展的初始阶段，我们所有的人都拥有很多可能性。而现在的问题是，你怎么才能充分且长期地利用这一波潮流，你能提供给用户什么样的附加值，让他们明天还去看你的Facebook页面，还去看你推特上写的东西? 如果你的用户转向去了其他的产品和服务，那你采取什么应对策略? 尽管我们今天是这么理解Web 2.0中的社交媒体的，那明天又会是什么样的呢?

"营销效应"可能的发展趋势

事实上有些趋势有助于销售的提升，而且你今天还能成为这些领域的领路人，我在这里介绍一下其中的四个趋势:

1. 从Casual Web到"增强现实（技术）"

今天的用户已经准备好泄露自己十分个人和私密的信息，他们在设置、调整、评价、喜欢、推荐和评价时也将自己个人信息留了下来，这些信息可能会与其他信息相连，比如说曾经去过的地方（"地理坐标"、"定位"）。这一趋势你可以利用，因为这些用户也愿意这么做，你只需要提供他们想要的东西，这一销售的潜在机遇被trendbüro.com网站称作"增强现实"，它的意思是: "就是对我+就在此刻+就在此地"。在零售业中，阿迪达斯如今在巴黎的一家店里有几面"神奇的镜子"，顾客站在镜子前触摸镜子表面，就可以给鞋子更换颜色，更改背景设置。

背景资料├

Casual Web

很长一段时间互联网在私人领域大多时间只是被用来娱乐和消遣的，比如聊天和在Facebook上和朋友联系。现在出现了Casual Web的趋势，它能通过提供有关的信息为用户带来具体的效用和附加值。只要预先设定好，使用者就可以目标明确地获得地点、职务、产品及其他信息。这一3D影像不需要带多余的像苍蝇般的眼镜，现在外衣已经开始第一批测试了。

2. 从2D到3D，再到多重感官

看到什么就能买什么？这基本上是不可能的：人的视觉对于购买决定的影响是最小的，味觉和嗅觉都与此不同，根据Millward Brown的研究，这两种感官对于是否购买的影响要大得多。

不过，多重感官的市场营销也影响我们对品牌的忠诚度，如果顾客只能通过一种感官记住一个品牌，那么品牌忠诚度会下降30%。涉及的感官越多，忠诚度也就越高，要是能有四到五种感官印象，那品牌忠诚度可以达到60%。在多传感学上还有很大的销售潜力，对此市场营销顾问吉尔克（Gierke）和为尔克（Nölke）在《1×1的多重感官营销》（1×1 des multisensorischen Marketings）一书中举了很多例子，从这类营销训练中我们可以得知，人是通过整个身体学习的，其中涉及的情感越多，印象就越深，也就能更多地运用到实际中。

3. 从Internet到Outernet

互联网脱离电脑

我们正在经历一场重大的变革：世界变成一个网络，所有的东西都将有一个URL地址，互联网正在脱离电脑而存在，未来专家斯文·詹斯基（Sven Janszky）对此深信不疑。而事实上如今物联网正在热火朝天的建设当中，目标是建立一个完全相互联系的经济形态，其中"普世计算"领域的所有机器可以被永久性地连接起来，这会渗透到商业生活和日常生活中，从而获得大量的数据，你可以将其应用到营销和生意当中。2011年第二期的《经理人》杂志（Managermagazin）描绘了这一变化可能带来的机遇："将虚拟世界和电子世界连接起来将会带来长期的增长，其深远意义与电的发现和内燃机的发明相当。"专家认为这是一个能从根本上改变商业模式的基础性创新。

设想这样一个世界，公用的汽车可以自动在交通管理系统中注册，并扣除养路费（由于公用汽车可以百分之百准点，这个时候已经没人再需要私家车了），电动汽车可以自己预定停车场的停车位，同时如果在其所属的商场购物超过100欧元还可以免费给汽车充电，在这里销售和营销的途径会完全不一样：营销只会发生在那些聚集在各类财团周围的人当中，其他人都会被排除在外，销售会自动在物联网这样的互联互通的环境内进行，这样一来供给和需求之间孰强孰弱的关系会发生巨大变化。

4. 技术以往的变革和人类价值观的变化

　　未来我们的生活会由科技的变化决定吗？人类的幼稚以及在自我决断上的能力不足，是机器和产品忽视我们的想法造成的吗？不断的广告宣传和多重感官的营销能诱惑顾客吗？说实话，不会。没有人愿意在购物的时候每两分钟就在手机上收到打折信息的广告，只有很少一部分人愿意不管在哪儿都能被人随时找到。总有一天人们会明白，他们其实并不愿意泄露那么多个人信息，来帮助营销人员找到自己的个人特征、愿望和顾客特点，或者为自己量身打造产品和服务，比如为音乐爱好者安排的城市游览、为赛车爱好者提供的保险产品或者为喜欢吃甜食的顾客另外提供的牙医保险。

　　数据保护必须要重新成为一个重大课题。

　　这种完全匹配的服务在今天已经成为可能，并已付诸实践。然而企业如此介入用户的生活，又与用户3.0的给人带来的感受相矛盾。尽管顾客现在愿意把自己的这类数据公开到网上，但对社交网络缺乏对数据的保护的批评声已经越来越多。用户3.0想确定的是，谁有关于顾客的什么样的信息，什么时候谁能够了解到，顾客去哪了，他在干什么，他在关注什么主题。所以我在想，诸如脸谱网、LinkedIn和Xing这样的社交网络上的个人设置以后还能做的更加细致些，论坛上和群组里、以及信息板上的阅读权限应该分成不同等级，人们未来会更多的在封闭的集体内交流，只有一部分信息会公开给所有"朋友"知道。现在就已经有社交网络用户抗议其他软件自动获得他们的信息，在防止将个人信息泄露给第三方这一方面做得还不够好。

没有使用价值就没有未来

离开随时都可以被联系到的状态。

这一趋势也出现在用户对更多使用价值持续增加的期待上，这种期待不仅仅是对他们自己，也包括对朋友和粉丝，因为推特、脸谱网和其他平台十分浪费时间，那些毫无用处的信息让人心情烦躁，降低工作效率，堵塞信息来源，让人分神。像Brizzly这样的程序，虽然能同时在一个地方登陆多个推特账号和脸谱网账号，但也只能在一定程度上缓解这一状况。所以有必要尝试离开那种随时随地都可以被联系到、无时无刻不在交流信息的状态，进入到Casual Web。

因而用户3.0变得越来越有争议、越来越自负，逐渐的它就演变成了用户4.0，用户可以决定哪家公司为其提供服务，什么时候以哪种方式提供服务，什么时候去全身心地享受这种服务而不被别人打扰，什么时候他的行为不会被人看到。

第一批虚拟运营商已经认识到了这一趋势，比如说Skype，这个网络电话软件程序可以让用户选择不在线，这样别人便无法联系到自己，如果激活电脑，那状态就会自动改变。

B2B中以距离为基础的网络连接

谁能给用户提供看得见的附加值，谁就能从中获利，比如说Groupon。在脸谱网上或者www.groupon.de的网站上，注册用户可以购买优惠券，用这些优惠券可以在其所在城市的电影院、健身房或者餐厅享受最多三折的优惠，或者买一件很实惠的时尚上衣。但这都有一个前提，要想获得优惠，必须要有足够多的用户一起团购。不过Groupon已经取得了成功，它在Facebook上有超过20万粉丝，并且在股市上的涨势也很好。

Groupon建立在社区、社会集体和共同的归属感之上。签到应用也利用了这种归属感，虽然具体内容有所差别，但也很有趣，同样的功能也出现在了职场领域。fischerAppelt斯图加特分公司的经理贝哈德·约德莱特（Bernhard Jodeleit）在他《社交媒体关系》一书中举例说，可以通过智能手机来规划一场博览会。他的想法是使用以距离为基础的社交网络，并使用室内导航加以补充。用户在会场前选择自己的感兴趣的内容，然后就会看到对应的参展商，并可以过去直接交流，这样各个与会人员都被引导到了一起。想象一下，这能节省多少时间，能多建立多少人脉关系，要不然这些参会人员肯定都会被淹没在茫茫人海中。

与其他人交换旅游信息

或者你可以充分利用出差旅途上的时间，比如在飞行的途中就定下来商业会谈的时间，而获得这一切你只需要提前得知这类信息：和你有关的联系人是否也在同一班飞机上，或者是否也住同一间酒店，这样的话就不用浪费太多时间，也不用告诉满世界的人自己要到哪儿去。这一切都可以通过软件应用Dopplr实现，它能自动将你的旅行目的地和住宿情况与其他人的进行匹配，当然这是在取得用户许可的情况下进行的。这个应用可以设置下次与谁一起出差、谁住在哪个酒店以及旅行是如何规划的。

这个应用也可以增加自我决断的能力，保护个人信息，增加使用的附加值，通过使用这个程序可以获得实实在在的好处。

未来：网络休闲时代

世界发展不会倒退，像脸谱网位置、增强现实技术和定位服务这样的服务还会继续存在下去，并且会广泛应用，当然他们同时不会被看作是新鲜的产品，褪下奇妙的光环而回归正常。今天那些所谓的"早起的鸟儿"，到明天可能会对那些多余的应用避之不及，如果你明天还想成为赢家，那么你今天就要关注能给顾客带来什么附加价值。

清单：这样你就可以超越今天的Web 2.0
你建立一个自己的信息中心，主要包括那些对你、你的企业和营销真正重要的新闻，避免在各种账户和时间轴之间点来点去浪费时间，你要更多的关注个性化的信息源，比如Google Reader（www.google.de/reader），有了这些应用你就可以把那些与你相关的内容，如新闻和博客点击出来并使用。

定期检查所有与你产品和用户群体相关的社交网络和在线平台。比如说要是50岁以上的人和60岁～90岁的人越来越多的倾向于去各自的社交平台上交流，那么再在Facebook上针对这些人群做产品广告就没有什么意义了，而是应该把目光转移到这些目标人群和利益团体的平台上去。
规划一下社交网络上的活动，确定一些目标人群感兴趣的主题，使用

Google Insights等搜索引擎寻找分析当前有哪些热门话题，把这些添加到活动当中。

定期为（潜在）客户寻找相关的社交网络活动，像Klout.com这类的服务可以帮上忙，它可以测算出某个推特账户的影响程度。

少即是多。越是经常使些骗人的把戏展示些没有意义和没用的东西，那就会失去越多的朋友和粉丝。所以请事先想想，你的言论是否能找到受众，是否对于你来说只是又一次单纯的为说而说，如果是这样，那你还是别这么做了。

提供附加价值。Casual Web是趋势，要利用这一点，把自己变成一个能提供附加价值的商家。在不久的将来又会有新的趋势出现，不过那时你的言论依旧会有听众。

营销的新责任

我认为，上面提到的四个大趋势（见第五章）不仅提供给了营销3.0无可争议的巨大机遇，同时对于我们营销也意味着责任，它们对我们的价值取向有了新的要求，包括信任、尊重、可靠、真性情。我要说的是，我们必须为我们自己设定一些界限：并非所有利用营销数据可以做的事情，都应该去做。

寻找方向

想要寻找信任和方向，可结果让人绝望：全球货物流变得愈发复杂，不同的观点一片混乱，网络平台上的讨论路径，有些事有利益集团驱动、或者说的内容都是假的，有些是真诚且透明的，这种新的价值取向大大提

第七章
营销策略今非昔比，那明天呢？

升了私人用户和商业用户的不安全感。如果今天价格已经不是决定购买的决定因素，那么该什么时候去买某件产品呢？这里就需要信任，信任那些有良好声誉的企业，信任那些可以当顾问的营销人员，信任那些熟悉自己产品和品牌，并且了解用户3.0以及客户要求的卖家。

没有必要在本书中去介绍那些社交媒体平台精彩纷呈的成功案例，当你正读此书时，他们已经对这个世界了然于心，日复一日地跟着向前进，今天对互联网说的话，其实也是对脸谱网说的，以后依旧如此。

2011年春天Facebook美国的活跃用户下降了600万说明了市场已经过度饱和，需要进行调整，也许许多顾客已经开始寻找新的表达和交流的途径，那么可能明天就会有一个新的平台来满足这些需求，将用户连接起来，因为历史的车轮是不会倒退的。社交网络不再是"是"或"否"的问题，而是你如何为你自己和你的客户赌上一把，你要发挥自己的优势，事实就是如此！用户3.0是一种解放，赞、分享、关注、评价以及推荐都是自然而然的。

下一批技术发展趋势已经出现："软件服务""租房软件"。所有的数据都被保存在"云"上，个人消费者会越来越经常的把数据放到"云"，也就是中央服务器中，让我们过几年看看这对于交流、网络、数据使用、广告和消费到底意味着什么吧！

几年以后，如今的这些趋势至少在工业国家会成为用户生活和企业文化中很常见的一部分，对于他们来说这不在是什么令人激动和新奇的事物了，背景已经撤下，一切都回归常态化。但是网络的质量和基础将与以往不同，网络上的账号都将被验证和识别，

"Hänschenklein1978" "freakyfred" 这类的账号将不再出现，新的账号会是像"Wolfgang Maier, Köln" 和 " Freddy Roth, Los Angeles"这样让人可以相信的名字。

Google+等于网络识别？

像脸谱网、 XING和其他平台也逐渐需要用户验证，而Google+从一开始都很重视账户的认证。当有人在某张图片上做了标记，进行了面部识别，或在社交平台上记录他全部的生活，那么新的认证信息将会出现在他所有网站账户上，我们就可以使用这些常用且负责的信息了。这种在社交媒体上出现的用户3.0成为一种常态，也会适用于之前的趋势之中。就像今天Vinyl又重新属于"精英团体"，带着一个大号的耳机，耳机上带一个迷你小按钮，并开到最大声音，这就是时尚。但同时复古风也是一种时尚，这就像那个老话题一样——屋里到底要不要装烟囱。这才是真正的人与人之间的交流。不想被别人联系到这种简单的愿望现在已经变得很奢侈，但这种愿望越来越强烈，并且已经根植于人们心中。这是很好的愿景，不是吗？

营销4.0: 回归私人会谈文化

销售是人与人之间进行的

所以你应该把Web 2.0看的实际一些，看作一种工具，它不是万能药，也不是销售的保证，它只是和用户交流的一种补充方式，因为未来的

第七章
营销策略今非昔比，那明天呢？

用户会更加青睐私人的咨询服务。商家不仅要与顾客做生意，还要为了顾客做生意。当然未来的客户会继续获得关于网络的信息，他们还会活跃在Facebook等网站上，通过"赞"的按钮标记颜色，也会使用增强现实技术的服务，但用户会更加挑剔，在上面投入的时间也会降低，他们只是在网上收集一些关于产品和服务的背景资料，或者是私人谈话的一个补充。最后在关键的问题上，比如，防衰老咨询或者买贵重物品，顾客更愿意在私人交谈中面对面进行，这样就可以解决一些细节上的问题。会面的时候可以一起喝一杯可口的咖啡，或者比较传统地在高尔夫球场上进行，这两种形式都很受欢迎。

　　新的变化是，虚拟社区会进一步渗透到现实生活中，我们在线上认识的人，可以一起组织线下活动，这样私人生活就和商业生活联系到了一起。这对于营销4.0意味着什么？这其实都掌握在你自己的手里，你可以利用社交网络和商业平台去与你现在的客户以及潜在客户交谈，为他们介绍定制化的服务，这一切Web 2.0作为一种实现的途径可以为你提供支持。特别是在这一方面，Web 2.0十分有帮助，因为它能收集大量有关你的（潜在）客户的信息，这些信息经过一些处理，就能给你带来一种营销上的先发优势，而这正是几年前销售人员梦寐以求的资源。
　　现在就需要你最大化地利用这种优势。下面这些销售策略对你会有些帮助：

实战提示：用户4.0下的销售策略

策略1：让顾客成为伙伴

明天还想留在市场上的人，今天就需要忠实的顾客，要想赢得这样的客户，仅仅通过高强度的利用数据信息或者定期地打折促销是不够的，而是要尊重和重视客户，这样才会双赢。用户只愿意对"他们的品牌""他们的产品"投入时间，因此你应该利用用户的这种心态在Web 2.0下通过在论坛、封闭性的群组或者自己公司脸谱网的公共主页上进行讨论，继续研发，把自己的产品做到最好。

注意这种对话要在不同的渠道进行，因为尽管有这么丰富的技术条件，用户4.0对上网的时间认识也是很清醒的，他们关手机和关电脑都是有目的的，他们会把网上的熟人关系带到现实生活中。如果他们觉得某项服务已经使用够了，他们会很快离开。这时你要和顾客继续保持联系，如果你（好像）已经获得了你想要的信息，那也不要离开客户，伙伴关系是建立在持久性和长期策略的基础上，那种过往的联系和仓促之间的联系是没有用的。

策略2：给用户提供可以察觉的到的实惠

正是因为用户4.0更加挑剔，对于在哪里花费时间和金钱更加清醒，所以附加价值与以前相比显得更加重要。也就是说，只要能帮助用户获得更大的成功，这种事情都值得我们去做，对于这一点通用电气的前CEO杰克·韦尔奇深信不疑。没有哪个公司能够保证员工的工作岗位，只有用户可以，因为他们才是金主，才是真正的老板，是他们把钱带给了企业。就因为这一点，所有的员工都应该参与竞争，按照杰克·韦尔奇的说法，我们作为企业，唯一追逐的目标就是为顾客服务，这样的企业中的每个人才都能感受到盈利的吸引力，并因此获得精神上和物质上的奖励。

DVAG的老板莱恩弗里德·波尔在他的《我写就了金融史》（Ich habe Finanzgeschichte geschrieben）一书中也表达了类似的观点，对他来说这主要涉及信任，这正是公司应该给予顾客的，客户需要信任销售顾问的推荐和专业能力。如果双方存在信任，那么我们就准备好去提供这种服务。如果顾客感觉，跟我说话的这个人只是想签个保险合同的话，那顾客肯定不会产生信任。没有信任用户4.0就无法找到其他的价值，也无法去信任卖家，他们会转而去找另外的商家。

策略3：寻求变化和不断的提高

这一点我之前已经提过，这一策略不仅适用于用户3.0用户，也适用于用户4.0，因为用户4.0期待着公司和产品能够不断提高，满足自己的需要，有时顾客的愿望甚至还会提前一步。

策略4：专注于自己的强项

每家企业、每家服务提供商都有自己的强项，强项需要被发现和挖掘，特别是和顾客一起去挖掘（见策略1），这样的结果就是自身不断地提高（见策略3）。尽管我们希望各方面变得更好，尽管我们一次又一次的想用企业的营销战略来迷惑自己，但我们必须清除的事实是，没有人是完美的，没有哪个人、哪家企业、哪种产品是完美的，但是如果我们专注于自己的强项，那我们就会变成第一。

换句话说，成功人士不是指那个为众多客户提供很一般产品的人，而是那些能够把产品做得真正很好的人。

策略5：把虚拟世界和现实世界连接在一起

放弃你脑子里那种现实世界和虚拟世界还是分开存在的理念吧，这两个世界已经连为一体，你每天其实都会多次穿越二者的界限，也需要感谢增强现实技术和定位服务，让我们根本没有察觉到这一切。试着为虚拟世界打开现实世界，并反过来试一下，这可以给你在与顾客交流中提供更大的灵活性，给你的销售活动带来更多的成功。

顾客的忠诚度在未来仍旧是你企业成功与否的重要因素，只有让顾客超越期待的满意，你的企业才可能成功，因为不满意的顾客随时准备离开去寻找新的卖家，如果有人问他们关于之前的商家的推荐意见，他们给出逃避问题式的回答"不好也不差"之类的，或者说"还可以"，但是不会说"太棒了""值得推荐"。他们也不会主动地把产品推荐给别人。

激情是2020年营销成功的保障

那么你需要富有激情的顾客，他们期待你的下一个通知信息、下一封邮件、下一个电话和下一次拜访，你把他们看成伙伴，你认识他们本人，了解他们，并可以带他们向前进，作为伙伴，你会为客户的问题绞尽脑汁，以期待事情能顺利发展。认真对待用户的取向，不管是今天还是明天。

小结

技术正在快速变革，而客户对个性化服务以及最优适配产品的要求也在快速提升。Web 2.0是当今营销成功的一个重要因素，然而我们没有时间停下前进的步伐，因为用户4.0时代已经来临。

下面几条是给你的营销提的具体建议：

1. 发展社交媒体服务，给顾客带来使用价值，这种服务应该能够按照要求很容易地激活或者取消。这样此种价值不仅可以让用户增加对商家的信任感，还能增加产品的信息。

2. 有策略的计划和增加你在社交网络上的存在感，关注一下当前的热点话题以及你发出信息的频率。在不给顾客造成负担的情况下把信息做得吸引人，检查一下你所有为顾客准备的信息和通知。

3. 社交网络的世界在成长，尽管你可以利用工具同时管理多个社交网络账号，但还是要专注于几个跟你相关的平台，在这里用合适的文章和服务、用超值折扣和其他的优惠手段说服和刺激消费者。

4. 就算网络上什么都是可能的，个人的交谈仍然对4.0顾客来说十分重要，所以你要注意在线下开发和维护线上顾客，把社交网络上的潜在顾客放到你个人服务的列表中。这样交谈的好处是，人与人真正的相识可以产生化学反应，可以公开的谈论问题的细节，可以提供更准确的服务。

5. 与顾客交流是也使用些传统的方式，比如信件、传单等。现在特别要注意顾客的个人特点、价值观以及对待这种交流方式的情绪，因为即使对用户4.0来说,感性也是超越理性的!人的天性就是感性的,只不过有时候这种理性会被感性打断罢了。

"营销今非昔比"的意思是:我们会通过新的电子技术和不断增加营销渠道在技术上"重新发现"销售,同时也让我们的价值意识变得更加清晰。利用好技术带来的机遇,正确面对人类的挑战。在销售中,只有在与顾客共同在场、信任和联系成为双方互动的基础的情况下,交流才能成功进行。这是前提、是条件,然后才能做买卖,再之后消费者才会购买。这种情况今天、明天、后天都是如此!

关于"营销策略今非昔比……那明天呢"一章的更多的信息、最新的新闻、资料和视频,请查看:

→ www.buhr-team.com
→ http://shop.buhr-team.com
→ www.vertrieb-geht-heute-anders.com